인물과 역사와 오늘

인물과 논술이 만나다!
1단계 인물이야기
2단계 그때사람은
3단계 요즘사람은

살아있는 인물 열어가는 역사

단군에서 담징까지

지은이 모난돌역사논술모임
만화 그린이 박한별

모난돌

살아있는 인물 열어가는 역사
단군에서 담징까지 ❶

2013년 12월 10일 초판 발행
2018년 3월 20일 개정 1판 발행

지은이 모난돌역사논술모임
만화 그린이 박한별
펴낸이 김경성
펴낸곳 모난돌
주소 경기도 가평군 청평면 은행나무길 8.
전화 02)508-7550
등록 2009년 10월 27일
등록번호 제 2009-000287호
홈페이지 다음카페 '모난돌학교'

이 책을 만든 사람들
책임 편집 김하늘
표지 · 본문 디자인 박한별
가격 12,000원
인쇄 프린트세일

ISBN 979-11-86767-09-2
ISBN 978-89-963424-3-4 (세트)

Copyright ⓒ2010 by monandol Company All rights reserved
First edition printed 2010, printed in korea

이 도서의 국립중앙도서관 출판예정도서목록(CIP)은 서지정보유통지원시스템 홈페이지(http://seoji.nl.go.kr)와 국가자료공동목록시스템(http://www.nl.go.kr/kolisnet)에서 이용하실 수 있습니다. (CIP제어번호 : CIP2017010605)

이 책 어느 부분도 발행인과 모난돌출판사에서 제공한 승인 문서 없이 일부 또는 전부를 사진, 복사기 및 현재 알려지거나 향후 발명될 어떤 전기적, 기계적 또는 다른 수단을 통하여서라도 복사. 재생하여 이용 할 수 없음

머리말

역사는 사람이 사는 이야기입니다.

　사람들은 역사를 어렵다고 하고 머리 아프다고 합니다.
　역사를 공부로만 배우려하기 때문입니다.
　그런데 옛날이야기는 어렵다고도 하지 않고 머리 아프다고도 하지 않습니다. 옛날이야기는 골치 아픈 일이 아니고 그냥 사람이 사는 이야기이기 때문입니다.
　역사도 어려운 공부가 아니라 옛날에 사람이 살았던 이야기입니다
　해와 달이 된 오누이에 나오는 엄마와 누나와 동생, 온달과 평강공주 이야기에 나오는 공주와 바보도 모두 사람입니다. 지금 이 세상에 살고 있는 사람처럼 기뻐하고 슬퍼하는 똑같은 사람입니다.
　옛날 사람이 어떻게 살았는지 알게 되면 지금 우리가 어떻게 살아야 하는지도 알 수 있습니다. 우리는 옛날이야기를 들으면서 사람이 어떻게 살아야 하는지 배우기 때문입니다. '남을 도와야 한다, 열심히 노력하면 꿈을 이룰 수 있다, 작은 힘도 뭉치면 큰 힘이 된다.' 같은 진리를 배울 수 있습니다.
　이 책은 옛날 사람이 살았던 이야기를 쉽게 읽고 배울 수 있도록 만들었습니다. 옛날 사람 이야기를 읽으면서 그때 사람이 어떻게 살았는지 살펴보세요.
　그런 다음 그때 사람과 요즘 사람은 어떤 점이 같고, 어떤 점이 다른지도 살펴보세요. 옛날 사람과 요즘 사람을 빗대어보면 훨씬 더 사람을 이해하기가 쉬울 것입니다. 그리고 배운 것을 토대로 내 마음을 글로 펼쳐 보세요.
　그러면 사람 사는 공부가 더욱 깊어지게 될 것입니다. 역사가 사람 사는 이야기이니 역사공부도 저절로 될 것입니다.
　부디 이 책이 즐거운 역사공부가 되는 데 작은 도움이라도 되기를 빌어봅니다.

김하늘

목차

01 처음으로 나라를 세운 단군왕검 09
- 인물 이야기　처음으로 나라를 세운 단군왕검
- 그때 사람은　신석기시대에서 청동기시대로
- 요즘 사람은　우리보다 조금 더 검은 친구

02 고조선을 발전시킨 위만 15
- 인물 이야기　고조선을 발전시킨 위만
- 그때 사람은　철기문화와 법치국가
- 요즘 사람은　우리 반 규칙

03 부여를 발전시킨 금와왕 21
- 인물 이야기　부여를 발전시킨 금와왕
- 그때 사람은　추수가 끝난 뒤 축제를 했던 부여 사람
- 요즘 사람은　설과 추석에 고향으로 가는 사람들

04 신라를 세운 임금들 27
- 인물 이야기　신라를 세운 임금들
- 그때 사람은　거서간, 차차웅, 이사금, 마립간은 모두 임금을 부르는 말
- 요즘 사람은　무엇이든지 척척, 컴퓨터 생활

05 고구려를 세운 주몽 33
- 인물 이야기　알에서 나온 주몽
- 그때 사람은　특별한 탄생
- 요즘 사람은　초호화판 생일파티

살아가는 인물 열어가는 역사

06 두 나라 건국을 도운 여인, 소서노 39
인물 이야기 두 나라를 세우는 데 힘이 된 소서노
그때 사람은 누가 왕위를 물려받았을까요?
요즘 사람은 국민이 직접 뽑아요

07 고구려 기틀을 잡은 유리왕 45
인물 이야기 일곱 모가 난 돌 위 소나무 밑에 있는 징표를 찾아라!
그때 사람은 성(城)이 많은 나라, 고구려
요즘 사람은 담장을 허물어요

08 백제를 세운 온조 51
인물 이야기 백제를 세운 온조
그때 사람은 농사는 언제부터 지었을까요?
요즘 사람은 어린이들은 어떤 음식을 좋아할까요?

09 슬픈 사랑을 나눈 호동왕자와 낙랑공주 57
인물 이야기 낙랑공주와 호동왕자
그때 사람은 고조선을 이어서 세워진 나라
요즘 사람은 두 나라가 한 나라가 되면

10 가야를 세운 김수로 63
인물 이야기 가야 건국신화 가락국기(駕洛國記)
그때 사람은 저 세상에 가서도 잘 살고 싶어서 순장을 했다
요즘 사람은 수목장(자연을 해치지 않는 무덤)

목차

11 소금장수 미천왕 69
- 인물 이야기 소금 장사를 한 을불
- 그때 사람은 옛날에도 소금이 풍부했을까요?
- 요즘 사람은 검은 진주, 석유

12 백제 최대 전성기를 이룬 근초고왕 75
- 인물 이야기 넓은 세계를 꿈꾸었던 근초고왕
- 그때 사람은 백제 임금이 선물한 칠지도
- 요즘 사람은 대통령은 나라를 대표해서 선물을 주고받아요

13 왜에 태자 스승이었던 아직기와 왕인 81
- 인물 이야기 왜에 부는 백제 바람
- 그때 사람은 왜에 문화를 전해준 고구려, 백제, 신라
- 요즘 사람은 일본에서 축제를 해요

14 만주벌판 달렸던 광개토대왕 87
- 인물 이야기 고구려를 넓힌 광개토대왕
- 그때 사람은 고구려 사람은 전쟁을 잘 했다
- 요즘 사람은 무서운 무기

15 고구려 전성기를 이룩한 장수왕 93
- 인물 이야기 고구려 최고 전성기를 이룩한 장수왕
- 그때 사람은 중요한 업적이나 일을 돌에 새겼다
- 요즘 사람은 무심코 남기는 인터넷 댓글

살아가는 인물 열어가는 역사

16 백제를 다시 일으킨 무령왕 99
- **인물 이야기** 다시 큰 나라로 만들리라
- **그때 사람은** 무령왕릉, 잠을 깨다
- **요즘 사람은** 재미있는 발굴 이야기

17 신라에 불교를 뿌리 내리게 한 이차돈 105
- **인물 이야기** 신라에 불교를 심은 이차돈
- **그때 사람은** 우리나라에 불교가 들어왔어요
- **요즘 사람은** 종교가 하는 사회봉사

18 한강을 차지한 진흥왕 111
- **인물 이야기** 신라를 크게 발전시킨 진흥왕
- **그때 사람은** 나라끼리 서로 돕는 동맹
- **요즘 사람은** 동맹과 연합

19 온달을 훌륭한 장수로 만든 평강공주 117
- **인물 이야기** 온달을 장수로 만든 평강공주
- **그때 사람은** 옛날 사람 결혼이야기
- **요즘 사람은** 나보다 못난 사람도 친구가 될 수 있어요

20 금당벽화를 그린 담징 123
- **인물 이야기** 금당벽화를 그린 담징
- **그때 사람은** 옛날 사람은 왜 벽에다 그림을 그렸을까?
- **요즘 사람은** 타임캡슐을 만들어요

일러두기

이 책으로 공부하는 법

이 책은 역사 속에 나오는 인물을 통해서 역사와 논술을 배우도록 만들었습니다. 이 책을 꾸준히 읽으면 옛날 사람이 사는 모습을 통해서 그 시대도 알 수 있게 될 것입니다.

1단계 소리 내서 읽기

책 읽기는 내용을 알 수 있다는 목적 말고도 좋은 보기글을 보는 기회가 되기도 합니다. 책을 꼼꼼하게 소리 내서 읽으면 내용도 자연스럽게 마음에 남게 되고, 글을 쓸 때 자기도 모르게 좋은 문장이 만들어진답니다.
소리내서 또박또박 읽어보세요. 역사에도 밝아지고 쓰는 힘도 커질 것입니다.

2단계 내용 되새김하기

어떤 책이라도 읽고 나면 감동이나 기쁨, 또는 분노나 슬픔처럼 마음에 느낌이 남습니다. 그 느낌을 잘 다듬으면 살아가는 마음가짐도 잘 다듬어집니다.
이 책도 읽을 때마다 자기 느낌을 되새겨 보고 정리해 보세요. '나였으면 이때 어떻게 했을까?' 라던가, '이렇게 한 것은 참 잘한 것 같아.'라는 식으로 읽은 내용을 되새겨보세요.
단계마다에 주어지는 문제도 생각해서 쓰면 됩니다.

3단계 쓰기로 마무리하기

'구슬이 서 말이라도 꿰어야 보배'라는 말이 있습니다. 옛날에 살았던 인물과 그때 사람이 어떻게 살았는지도 알았고, 요즘 사람이 어떻게 살고 있는지도 알았다면 글쓰기로 마무리를 지어 보세요.
별도로 구성된 공부책인 '따라공부'에서는 단원마다 글자와 문장이 어떻게 구성되는지 표현이나 느낌을 어떻게 글로 쓰는지 배우고, '일년공부'에서는 책 내용을 알고 생각을 펼쳐 볼 수 있습니다.

공부하다가 궁금한 것이 있으면 다음카페 '모난돌학교'에 질문을 남겨주세요.
모난돌 선생님이 친절하게 답해 줄 것입니다.

01

처음으로 나라를 세운

단군 왕검

(나고 죽은 때 모름, 고조선을 세운 임금)

🔊 역사 연대기

기원전 206년 중국에서 진나라가 멸망함
기원전 108년 고조선이 멸망함

🔊 학습목표

1. 단군왕검에 대해 알 수 있다.
2. 고조선을 건국한 배경을 알 수 있다.
3. 고조선을 세운 시대를 알 수 있다.
4. 사는 곳을 옮기는 사람들에 대해 생각할 수 있다.

 인물 이야기

처음으로 나라를 세운 단군왕검

제사를 올리는 나무

옛날에 하늘과 땅을 다스리는 환인이 있었습니다. 어느 날 아들인 환웅이,
"아버지, 제가 땅으로 내려가 사람을 다스리고 싶습니다. 허락해 주십시오."
라고 했습니다.

환인은 선뜻 허락하지 않았으나, 환웅이 포기하지 않고 간절하게 청했습니다. 그래서 삼위산, 태백산(백두산)을 내려다보니 환웅이 다스리면 세상이 더욱 평화롭고 발전할 수 있을 것 같았습니다.

그래서 신처럼 힘과 능력을 발휘할 수 있는 부적과 천부인이라는 도장 세 개를 주면서 땅으로 내려가도 좋다고 허락했습니다.

환웅은 바람을 다스리는 풍백, 비를 다스리는 우사, 구름을 다스리는 운사, 이렇게 신하 세 명과 사람 삼천 명을 이끌고 태백산 꼭대기로 내려 왔습니다. 그리고 신에게 제사 지내는 신단수나무 아래에다 신이 사는 도시인 '신시'를 세웠습니다.

어느 날, 곰 한 마리가 찾아왔습니다.
"저는 비록 짐승으로 태어났지만, 사람이 되어서 지혜롭게 살고 싶습니다. 사람이 되게 하여 주십시오."
빌었습니다.

살아가는 인물 열어가는 역사

또 호랑이가 찾아와,

"저는 비록 짐승이지만, 사람이 되어 용맹하게 살고 싶습니다."

라며 빌었습니다.

환웅이 보기에 곰과 호랑이 둘 다 사람이 되어도 좋을 것 같았습니다. 그래서 쑥과 마늘을 나누어 주며 백 일 동안 햇빛을 보지 말라고 했습니다. 곰과 호랑이는 기뻐하며 쑥과 마늘을 들고 굴 속으로 들어갔습니다. 호랑이는 배고픔을 참지 못하고 뛰쳐나가버렸으나, 곰은 잘 견뎌내서 여자가 되었습니다.

곰은 여자가 되었으나 결혼할 사람이 없었습니다. 그래서 날마다 신단수 아래로 찾아와 아기를 낳게 해 달라고 빌었습니다. 딱하게 여긴 환웅이 잠시 동안 사람으로 변해서 결혼을 했습니다.

곰에서 변한 여자와 환웅 사이에서 남자 아이가 태어났습니다. 그 아이는 널리 인간을 이롭게 한다는 '홍익인간' 정신으로 조선이라는 나라를 세웠습니다. 이 나라를 우리나라 역사에서 가장 먼저 세워진 조선이라고 해서 '고조선'이라고 부릅니다.

고조선은 평양성에 도읍을 정했고, 왕을 단군왕검이라고 불렀습니다. 단군은 하늘에 제사를 지내는 사람이고, 왕검은 '가장 큰 칼을 찬 사람'이라는 뜻으로 임금을 나타내는 말입니다.

나라가 커지자 백악산 아사달로 도읍을 옮겼습니다. 단군왕검은 이곳에서 일천오백 년 동안 백성을 다스렸습니다.

1. 환웅이 준 쑥과 마늘을 먹고 사람이 된 동물은 무엇인가요?

2. 단군왕검이 세운 나라 이름은 무엇인가요?

 그때 사람은

신석기 시대에서 청동기 시대로

환웅이 하늘에서 내려온 무렵에 한반도는 돌을 갈아서 도구를 만들고, 빗살무늬 토기를 만들어 쓰는 신석기 시대였습니다.

돌을 갈아서 더욱 좋은 도구를 만들게 된 신석기 시대 사람은 동물을 기르고 농사를 짓기 시작했습니다. 동물을 사냥하고 산과 들에서 나무열매를 따 먹는 생활에서 벗어난 것입니다. 그러자 먹고 남는 곡식이나 열매가 생기게 되었습니다. 그 곡식이나 열매를 담아서 보관하기 위해 흙을 빚어 구운 그릇인 토기를 만들게 되었습니다.

간석기-국립중앙박물관

신석기 시대에 사람이 살던 집은 움집이었습니다. 움집은 땅을 30cm에서 1m 정도 둥글게 구덩이처럼 파내고, 가장자리를 빙 둘러서 기둥을 세운 다음, 풀을 엮어 지붕을 덮은 집입니다. 땅에 구덩이를 파면 동굴에 살 때처럼 여름에는 시원하고, 겨울에는 따뜻하게 지낼 수 있기 때문입니다.

> **한반도**
> 우리나라는 동서남쪽은 바다에 붙어있고 북쪽만 대륙에 붙어있는 반도 모양이므로 한반도라고 부름

신석기 시대에는 주인과 종, 귀족과 천민 같은 계급도 없었고, 지배하고 지배 당하는 사람도 없었습니다. 마을 사람이 함께 농사를 짓고 사냥도 하며 공평하게 나누어 먹는 평등한 사회였습니다.

그런데 환웅이 이끄는 무리가 청동기와 민무늬토기 만드는 기술을 가지고 들어 왔습니다. 청동기문화가 들어오자, 농사기술이 더욱 발달하게 되었습니다. 농사를 많이 짓는 사람은 거두어들이는 곡식이 많아졌습니다. 그렇게 되자 '부자'와 '가난한 사람'이라는 계급이 생겼습니다.

살아가는 인물 열어가는 역사

계급은 다스리는 사람인 지배자와 다스림을 받는 사람인 피지배자로 나누어졌고, 나중에는 임금과 백성으로 발전했습니다.

임금은 하늘에 제사를 지냈고, 백성도 다스렸습니다. 하늘에서 내려준 뜻에 따라 사람을 다스리는 것입니다. 임금이 죽고 나면 고인돌이라는 커다란 무덤을 만들어 그 안에 묻었습니다.

청동기 시대가 되자 농사기술이 발전해 먹을 것이 더 풍부해졌습니다. 그 대신에 공평하게 나누어먹는 평등사회가 깨어지고 말았습니다. 백성은 나라에 세금을 내고, 궁궐을 짓거나, 무덤을 만드는 일에 나가게 되었습니다.

전곡리 선사유적지-경기 연천

탐구하기

1. 신석기 시대 사람은 어떻게 살았을까요?

사용한 도구 _____

토기 _____

집 _____

2. 임금이 죽고 나면 만들었던 커다란 돌무덤을 무엇이라고 하나요?

_____

요즘 사람은

우리보다 조금 더 검은 친구

▶ 환웅이 곰부족과 서로 다른데도 하나로 합쳐서 산 것처럼 요즘에도 다른 나라 사람이 우리나라에 와서 함께 사는 것에 대하여 생각해봅시다.

며칠 전 우리 반에 한 아이가 전학을 왔습니다. 우리보다 얼굴이 훨씬 검었습니다. 키도 우리 반에서 가장 큰 민철이보다 더 컸습니다. 이름은 애리라고 했습니다.

자기소개를 하는데,

"음- 이르문 애리이코요."

우리 말도 서툴렀습니다.

어머니는 한국 사람인데 아버지는 남아프리카공화국 사람이라고 선생님이 알려주었습니다. 아프리카에 살다가 며칠 전에 한국으로 왔다고 했습니다. 원래 이름은 에리카인데 애리로 고쳐 부른다고 했습니다.

"깜둥이다. 가까이 갔다간 나도 까맣게 물들지도 몰라."

아이들은 애리랑 친하게 지내려고 하지 않았습니다.

하지만 애리는 청소도 열심히 하고, 무거운 것을 들어야 할 때도 서툰 한국말로,

"나 힘 마니 쎄니까 잘해요."

라면서 늘 앞장섰습니다.

며칠 뒤에는 다른 반이랑 피구 시합을 하게 되었습니다.

"우리 반이 늘 졌지만, 이번에는 꼭 한 번 이겨보자."

선생님이 애리도 같이 하라고 했습니다. 애리는 힘도 세고 빨라서 마지막까지 살아남았고, 결국 우리 반이 이겼습니다.

그 다음부터 아이들은 애리를 좋아하게 되었고, 피구를 하든, 발야구를 하든, 자기편에 넣으려고 했습니다. 원래 이름이 더 좋다며 에리카라고 부르기도 했습니다. 애리는 우리 반 아이들과 피부색은 달랐지만, 아주 좋은 친구가 되었습니다.

1. 처음에 아이들이 애리랑 친하게 지내지 않으려 한 까닭은 무엇인가요?

02

고조선을 발전시킨

위 만

(나고 죽은 때 모름, 고조선시대 임금)

🔊 역사 연대기

기원전 206년 중국에서 한나라가 세워짐
기원전 194년 위만이 준왕을 몰아내고 고조선 왕이 됨

🔊 학습목표

1. 위만이 고조선에 들어온 과정을 알 수 있다.
2. 철기문화가 들어온 과정을 알 수 있다.
3. 법이 만들어진 과정을 알 수 있다.
4. 규칙을 정할 수 있다.

인물 이야기

고조선을 발전시킨 위만

　위만은 중국 땅 북쪽에 있는 연나라에 살았습니다. 여러 나라로 갈라져 싸우던 중국 땅을 진나라가 통일했고, 진나라가 망하고 한나라가 세워지면서 겨우 전쟁이 끝났습니다. 하지만 연나라를 다스리던 노관이 반란을 일으키자, 다시 혼란에 빠지고 말았습니다.

　전쟁이 이어지자, 모두 전쟁터에 나가 싸워야 했습니다. 죽거나 다치는 것은 물론이고, 농사 지을 사람도 없어지고 말았습니다. 살기 힘든 사람들은 전쟁이 없는 곳으로 가려고 했습니다.

　위만은 연나라 임금 밑에서 부장노릇을 하고 있다가 백성 천여 명을 이끌고 고조선으로 왔습니다. 고조선은 전쟁 없이 평화로운 나라이기 때문입니다. 고조선 준왕에게 백성으로 받아 달라고 했습니다.

　원래 위만은 조상이 고조선 사람이기 때문에 준왕도 기꺼이 맞이했습니다. 벼슬도 주고, 같이 온 백성과 함께 살 수 있도록 해 주었습니다. 평화로운 나라에서 살게 된 위만은 준왕에게 충성을 다했습니다.

　가지고 온 철기문화도 퍼트렸습니다. 그 동안 쓰던 청동기보다 철기가 훨씬 더 강했습니다. 철로 만든 농기구로 농사를 지으니 수확량이 많아져서 더 배불리 먹을 수 있게 되었습니다. 철로 만든 무기는 고조선 군대를 더욱 강하게 해 주었습니다.

　그러나 고조선 임금이나 신하들은 나라를 더 부강하게 만들 생각을 하지 않았습니다. 많아진 수확물을 더 많이 차지하고, 더 높은 벼슬자리에 올라가려고 싸우기만 했습니다. 철기문화가 도리어 나라를 혼란스럽게 하고 백성을 더 고통스럽게 만들고 말았습니다.

살아가는 인물 열어가는 역사

준왕은 철로 만든 무기로 무장한 위만 세력이 강해져서 자신에게 맞서게 될까 봐 한나라와 맞닿아 있는 서쪽 국경을 지키라며 보내고 말았습니다.

위만이 국경을 지키고 있다 보니 전쟁을 피해 고조선으로 들어오는 사람이 참 많았습니다. 위만은 불쌍하게 여겨 모두 받아들였습니다. 받아줄 곳이 없으면 언제까지나 떠돌아다녀야 했기 때문에 위만에게 감사하며 충성을 다 바치겠다고 맹세했습니다. 따르는 사람이 많아지자 점점 세력이 커졌습니다.

그러나 위만은 고민에 빠졌습니다. 힘이 강해지는 한나라가 언제 고조선으로 쳐들어올지 모르는데 임금이나 신하들이 서로 권력다툼만 하다가는 한나라를 당해 낼 수 없을 것이기 때문입니다.

마침내 위만은 준왕에게 사람을 보내,

"한나라 군대가 쳐들어오니 철기로 무장한 제가 궁궐로 가서 임금을 호위하겠습니다."

라고 청했습니다. 한나라가 쳐들어온다는 말에 겁먹은 준왕이 허락하자, 갑자기 군사를 이끌고 궁궐로 쳐들어 가 왕을 몰아내고 임금이 되었습니다.

임금이 된 위만은 도읍을 왕검성으로 정했습니다. 하지만 혼란을 줄이기 위해 나라 이름을 그대로 조선이라 불렀고, 다스리는 제도도 그대로 이어 받았습니다.

한나라에서 우수한 철기문화도 꾸준히 받아들였습니다. 철기문화가 발전하면서 나라는 더욱 튼튼해졌습니다. 철기로 된 무기를 쓰게 되자 군대가 더 강해졌기 때문입니다. 철로 된 농기구로 농사를 짓게 되자 수확량도 점점 많아졌습니다. 백성도 더욱 풍요롭게 살 수 있게 되었습니다.

1. 위만이 고조선으로 온 까닭은 무엇인가요?

그때 사람은

철기문화와 법치국가

위만이 왕위에 오를 무렵, 한나라는 북쪽에 있는 흉노족이 끊임없이 쳐들어 왔으므로 고조선과는 싸울 겨를이 없었습니다. 위만도 한나라와 전쟁을 하지 않고 사이좋게 지냈습니다. 흉노족과도 평화롭게 지냈습니다. 전쟁을 안 하는 것이 가장 슬기로운 일이기 때문입니다.

고조선은 한나라에서 철기문화를 많이 받아들였습니다. 철기로 된 농기구나 무기는 쉽게 휘거나 찌그러지지 않았습니다. 날도 날카로워서 곡식을 베거나 도구를 다듬기 좋았습니다.

둘레에 있는 나라와 전쟁을 하지 않으니 무기를 농기구로 만들 수 있었습니다. 또 백성이 전쟁에 나가지 않아도 되니까 마음 놓고 농사를 지었습니다.

쇠로 만든 농기구는 튼튼하고 날카로워서 농사짓기가 점점 편리해졌습니다. 농사 기술도 점점 발달했습니다. 그러자 농사에서 거두어들이는 수확량도 늘어나고 백성은 살림이 점점 넉넉해졌습니다.

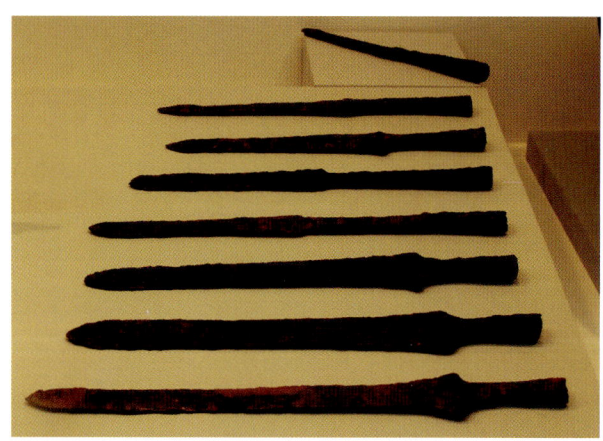

철로 만든 무기들-전쟁기념관

철로 만든 농기구들-국립중앙박물관

살아가는 인물 열어가는 역사

고조선에는 8조 법금이라는 법이 있었습니다. 여덟 가지 가운데 세 가지가 지금까지 전해오고 있습니다.

1. 사람을 죽인 자는 그 즉시 사형에 처한다.
2. 남에게 상처를 입힌 자는 곡식으로 갚는다.
3. 도둑질한 자는 종으로 삼는다. 종이 되지 않으려면 돈 50만 전을 내야한다.

입니다.

이 법으로 보았을 때 고조선은 누구나 자기 재산을 가질 수 있고, 엄격한 법으로 다스린 나라였음을 알 수 있습니다.

하지만 법이 엄격하면 모든 잘못은 법에서 정한대로 처벌을 받게 됩니다. 실수를 했다거나 어쩔 수 없이 저지른 잘못도 무조건 법에 따라서 벌을 주어야 했습니다.

예를 들어 '남에게 상처를 입힌 자는 곡식으로 갚는다.'는 법이 있으니 친구와 놀다가 실수로 상처를 냈을 경우에도 무조건 법대로 해야 합니다. 친구끼리 실수 한 것이니까 그냥 미안하다고만 해도 될 일이지만, 법이 있으니 곡식을 주어야 합니다. 엄격한 법이 도리어 친구 사이를 더 멀어지게 할 수도 있습니다.

탐구하기

1. 고조선 사람이 농사짓기가 편리해지게 된 것은 어떤 문화를 받아들였기 때문인가요?

2. '8조 법금'이 있었다는 것으로 보았을 때 고조선이 어떤 나라였다는 뜻인가요?

우리 반 규칙

▶ 옛날부터 법을 만든 것처럼 요즈음에도 법이나 규칙을 만들어서 지키려고 합니다. 그러나 법이나 규칙이 도리어 서로를 불편하게 할 수도 있습니다. 좋은 법이나 규칙은 어떤 것인지 생각해 봅시다.

옛날부터 규칙을 법으로 정해서 나라를 공평하게 다스린 것처럼 요즘에도 법을 많이 만듭니다. 같은 반 친구끼리 정하는 규칙도 나라에서 정하는 법이랑 비슷한 것입니다.

정호네 반도 새 학년이 되자 선생님이 우리 반을 학교에서 가장 좋은 반으로 만들자면서 여러 가지 규칙을 정하자고 했습니다.

선생님은,

첫째, 일기를 일주일에 세 번 이상 쓰기
둘째, 다 같이 협동하여 청소를 깨끗하게 하기
셋째, 친구끼리 싸우지 않기

이렇게 세 가지를 정해준 다음, 이 규칙을 지키지 않으면 어떤 벌을 주는 것이 좋을지 정해 보라고 했습니다.

어떤 아이가 '일기를 안 쓰면 벌로 청소를 시키자'라고 하자, 어떤 아이가 벌로 청소를 시켜도 대충하게 되면 소용없다고 했습니다. 또 어떤 아이가 벌금을 내자고 했으나, 돈이 없으면 어떡하느냐고 했습니다. 수업시간에 뒤에서 서 있게 하자는 의견도 나왔습니다. 하지만 벌을 서느라 공부를 못하게 되면 안 된다는 아이도 있었습니다. 또 한 명이 잘못하면 그 모둠 전체가 벌을 받자고도 했지만, 자기가 하지도 않은 일 때문에 덩달아 벌을 받는 것은 너무 억울하다고 반대했습니다.

벌을 주면 규칙을 잘 지키기는 하겠지만, 그 벌 때문에 또 다른 문제가 생길 수도 있습니다.

선생님은 좋은 규칙을 정하기도 어렵지만, 지키지 않을 때 벌을 주는 방법을 정하기가 더 어렵다며 고개를 절레절레 흔들었습니다.

1. 친구끼리 싸운 아이에게 어떤 벌을 주면 좋을까요? 그 벌 때문에 생길 수 있는 문제도 써 보세요.

03

부여를 발전시킨
금와왕
(나고 죽은 때 모름, 동부여 2대 임금)

🔊 역사 연대기

기원전 60년 무렵 금와왕이 왕위에 오름
기원전 58년 주몽이 태어남
기원전 19년 대소가 왕위에 오름
22년 동부여가 무너짐

🔊 학습목표

1. 금와왕에 대해 알 수 있다.
2. 축제를 즐긴 부여에 대해 알 수 있다.
3. 명절에 대해 알 수 있다.

인물 이야기

부여를 발전시킨 금와왕

　옛날 두만강과 송화강 둘레에 부여라는 나라가 있었습니다. 부여를 다스리는 해부루왕은 나이가 들었지만, 왕위를 물려줄 아들이나 딸이 없었습니다. 슬퍼하던 해부루왕은 신하들과 함께 산과 강을 찾아 다녔습니다. 산과 강을 다스리는 신에게 아들을 낳게 해 달라며 제사를 정성껏 지냈습니다.

　어느 날 곤연이라는 곳을 지날 때였습니다. 임금이 타고 있던 말이 커다란 돌 앞에서 갑자기 걸음을 멈추고 고개를 숙이더니 눈물을 흘렸습니다. 해부루왕은 이상히 여겨 돌을 치우라고 했습니다. 그 돌 밑에는 개구리처럼 생긴 어린 아이가 웅크리고 있었습니다. 온 몸이 금빛으로 빛났습니다.

　해부루왕은,

"이 아이는 하늘이 내게 주신 아들이로구나!"

　기뻐하며 궁궐로 데리고 왔습니다. 이름을 '금와'라 짓고, 태자로 삼았습니다.

　그러던 어느 날, 신하인 아란불이 해부루왕에게 이상한 꿈을 꾸었다고 아뢰었습니다. 꿈에 천제가 나타나,

"장차 내 자손으로 하여금 이곳에 나라를 세우게 할 것이니라. 그러니 너희는 이곳을 피해 다른 곳으로 가라. 동쪽 바닷가에 가섭원이라는 기름진 땅이 있으니, 그 곳에 가서 나라를 세우도록 하여라."

라고 했다는 것입니다.

　또 아란불은,

"하늘이 내리는 계시인 것 같사옵니다. 다른 나라로부터 공격을 받으면, 큰 피해를 보는 것이 당연합니다. 그러니 나라를 편안하게 보존하려면 도읍을 옮기는 것이 좋을 듯하옵니다."

라고 했습니다.

살아가는 인물 열어가는 역사

그 말이 옳다고 여긴 해부루왕은 도읍을 가섭원으로 옮기고 나라 이름을 '동부여'로 고쳤습니다.

도읍을 옮기자, 해부루왕이 다스리던 땅에는 용 다섯 마리가 끄는 마차를 타고 해모수가 나타났습니다. 해모수는 홀승골성에 궁궐을 짓고 '북부여'라는 나라를 세웠습니다.

해부루왕이 죽자, 금와가 왕위를 이어 받았습니다.

어느 날 금와왕이 태백산 남쪽에 있는 우발수를 지나가다가 오갈 데가 없어 슬퍼하고 있는 여인을 만났습니다. 부모에게 허락도 받지 않고 해모수와 결혼을 하는 바람에 쫓겨난 유화였습니다. 금와왕은 유화를 불쌍하게 여겨 궁으로 데리고 왔습니다.

뱃속에 이미 아기를 갖고 있던 유화는 몇 달 뒤에 알을 낳았고, 알에서 아이가 나왔습니다. 똑똑하고 활도 잘 쏘는 그 아이를 주몽이라고 불렀습니다. 부여에서는 활을 잘 쏘는 사람을 주몽이라고 했기 때문입니다.

금와왕 아들들은 주몽을 시기하고 미워했습니다. 금와왕에게 주몽을 쫓아내라고 했습니다. 금와왕이 들어주지 않자 큰아들인 대소가 주몽을 죽이려고 했습니다. 주몽은 졸본으로 도망가서 '고구려'를 세웠습니다.

금와왕은 유화부인과 주몽 가족을 돌보아주고, 고구려와는 싸우지 않으려고 했습니다. 또 유화부인이 죽었을 때는 태후로 받들고 장사 지내주었습니다. 주몽도 사신을 보내 고맙다는 인사를 했습니다.

1. 해부루왕이 아들 이름을 '금와'라 부른 까닭은 무엇인가요?

추수가 끝난 뒤 축제를 했던 부여 사람

북부여와 동부여를 합쳐서 부여라고 부릅니다.

부여는 기원전 3세기 무렵부터 494년까지 북만주지역에 6백여 년 동안 자리 잡고 있었지만, 기록이 남아 있지 않아 자세히 알 수는 없습니다.

나라 이름인 부여는 넓은 들판을 뜻하는 벌, 또는 사슴을 뜻하는 만주어 '푸후'에서 비롯되었다고 합니다. 중국 역사책에는 부여가 중국 동북쪽에 살고 있던 한민족 가운데 가장 기름지고 넓은 곳에 자리 잡고 있었다고 씌어 있습니다.

부여가 처음 생겨났을 때는 부족 연맹체였습니다. 그러다가 왕위를 아들에게 물려주기도 하면서 나라로 발전했습니다.

부여에는 임금과 벼슬에 가축 이름을 붙인 마가(말)·우가(소)·저가(돼지)·구가(개) 같은 관리가 있었습니다. 임금은 관리 대표였으며, 하늘에 제사를 지내는 제사장 역할도 했습니다. 관리는 마을을 다스리면서 임금을 돕다가, 전쟁이 일어나면 군대를 이끌고 나갔습니다.

부여는 전국으로 뻗어나가는 도로를 이용해 나라를 다스렸습니다. 이 도로망을 '사출도'라고 하는데, 마가·우가·구가·저가 등이 관리했습니다.

부여 사람은 송화강 둘레에서 농사를 지으며 가축을 기르기도 했습니다. 말·소·돼지·개 등을 길렀는데, 부여에서 기르는 말은 다른 나라에서도 알아줄 정도로 훌륭했습니다. 부여 사람은 가축을 돌보거나 전쟁을 할 때도 말을 탔으며, 관직 이름도 가축에서 따올 만큼 목축을 중요하게 생각했습니다.

부여도 고조선과 마찬가지로 엄격한 법이 있었습니다. '1책 12법'입니다. 살인자는 즉시 사형에 처하고 그 가족은 노비로 삼았으며, 다른 사람 물건을 훔쳤을 때에는 열두 배로 물어주도록 했습니다. 이 법을 보면 부여에 신분제도가 있었다는 것을 알 수 있습니다.

살아가는 인물 열어가는 역사

부여 사람은 흰옷을 즐겨 입었는데, 지배층은 소매가 넓은 저고리와 바지를 입고 가죽신을 신었습니다. 비단에 수를 놓은 옷을 입었으며, 모자와 허리띠에는 금이나 은을 장식했습니다. 이런 장식품을 만드는 전문기술자가 있었고, 금과 은을 캐내는 광산도 있었습니다.

부여 사람은 노래 부르기를 좋아해 걸어 다니면서도 불렀습니다. 해마다 추수를 마친 12월에는 '영고'라는 축제를 벌였습니다. 한데 모여서 며칠 동안 노래하고 춤추며 하늘에 제사를 지냈습니다. 축제 기간에는 죄가 가벼운 죄수를 풀어주기도 했습니다.

부여에서는 요령식청동검(비파형청동검)과 청동기 시대에서 철기 시대에 걸쳐 사용한 세형동검이 나왔습니다. 이것으로 보아 부여는 청동기문화와 철기문화를 모두 가지고 있었다는 것을 알 수 있습니다. 청동기문화를 가지고 있던 고조선에서 완전한 철기문화가 자리잡은 고구려로 이어지는 다리 역할을 했던 것입니다. 하지만 부여에 대한 역사기록이 거의 없어서 더 자세히 알지는 못합니다.

비파형청동검과 돌칼–국립중앙박물관

탐구하기

1. 부여가 가축에서 따온 관직 이름은 무엇인가요?
   (   ) (   ) (   ) (   )

2. 추수를 끝내고 난 뒤 부여 사람이 즐긴 축제는 무엇인가요?

요즘 사람은

설과 추석에 고향으로 가는 사람들

▶ 부여에서 12월에 영고 축제를 했던 것처럼 요즘은 설과 추석이라는 명절이 있습니다. 명절에 가족이 함께 모여 즐거운 시간을 보내는 것에 대하여 생각해봅시다.

우리나라에는 몇 가지 명절이 있습니다. 설, 정월대보름, 단오, 추석 등이 있습니다. 그 가운데 설과 추석은 가장 큰 명절입니다.

설은 한 해를 시작하면서 1년 내내 건강하고, 많은 복을 받기를 바라는 마음으로 조상에게 차례도 지내고, 서로에게 좋은 말도 해주는 날입니다. 추석은 한해 농사를 잘 지어 곡식과 과일을 많이 거두게 해준 조상에게 고마움을 표현하는 날입니다.

설이나 추석이 되면 떨어져서 살던 가족은 고향으로 돌아가서 함께 지냅니다. 오랜만에 가족이 만나게 되니 맛있는 음식을 준비하고, 함께 모여 민속놀이를 하면서 축제처럼 즐겁게 놉니다. 민속놀이로 윷놀이를 많이 하는데, 윷놀이할 때 사용하는 말은 부여 벼슬이름에서 나온 것이라고 합니다.

하지만 사람이 도시에 많이 모여 살게 되면서 명절에 대한 생각도 많이 달라졌습니다. 핵가족이 많아지면서 가족에 대한 생각도 달라졌습니다. 차례를 지내는 것도 많이 간소해졌습니다.

그래도 명절이 되면 가족을 만나러 가야 한다는 생각에는 변함이 없습니다. 짧은 명절 기간에 많은 사람이 한꺼번에 고향으로 가다보니 고속도로가 막히고, 기차표를 사거나 비행기표를 구하기가 어렵습니다. 그러나 아무리 어렵고 힘들어도 고향으로 가는 사람은 즐겁기만 합니다.

역에서 기차표를 사려는 사람들-1970년대

고향으로 가는 자동차들-2000년대

1. 명절이 되면 가족이나 친척을 만나러 가는 까닭은 무엇일까요?

04

신라를 세운 임금들

(박혁거세-기원전69년~4년/ 석탈해-나고 죽은 때 모름
/ 김알지-65년~죽은 때 모름)

🔊 역사 연대기

기원전 57년 박혁거세가 신라를 세움
57년 석탈해가 신라 4번째 임금이 됨
65년 탈해왕이 시림 숲에서 김알지를 발견함

🔊 학습목표

1. 신라 건국 시조에 대하여 알 수 있다.
2. 신라가 고대국가로 발전한 과정을 알 수 있다.
3. 철기문명이 신라에 미친 영향을 알 수 있다.
4. 유비쿼터스에 대해서 알 수 있다.

인물 이야기

신라를 세운 세 임금

세상을 밝게 비추리라, 박혁거세

옛날 진한 땅에 있는 여섯 마을 촌장이 고허촌에 모였습니다. 마을이 점점 커지자 다툼이 많아지고 어수선해졌기 때문입니다.

"이제 우리에게도 덕이 있는 임금이 있어야 합니다. 여섯 마을을 하나로 모아 평화롭고 살기 좋은 나라를 세워야합니다."

임금을 세우기로 뜻을 모은 촌장들은 먼저 도읍지를 정하려고 높은 산에 올라갔습니다. 그때 남산 기슭에서 한줄기 빛이 보였습니다. 촌장들이 달려가자, 그 빛은 '나정'이라는 우물을 비추고 있었습니다. 우물 옆에 흰 말 한 마리가 무릎을 꿇고 있다가 하늘로 올라갔습니다. 그 자리에는 커다란 알이 하나 있었습니다. 알이 깨지면서 빛과 함께 아기 울음소리가 터져 나왔습니다.

여섯 촌장은 하늘이 장차 임금이 되실 아기를 주셨다며 매우 기뻐했습니다. 아기 이름을 세상을 밝게 다스리라는 뜻으로 '혁거세'라고 지었습니다. 박처럼 생긴 알에서 태어났다고 하여 성은 '박'씨라고 했습니다.

나정-경북 경주

박혁거세가 태어나던 날 사량리 마을에 '알영'이라는 우물가에서는 머리가 닭처럼 생긴 용이 나타나 왼쪽 갈비뼈 밑에서 여자아이를 낳았습니다. 아이는 입술이 닭부리처럼 생겼습니다. 목욕을 시키자 부리가 떨어져 나가고 예쁜 여자아이가 되었습니다.

촌장들은 여자 아이를 데려다 '알영'이라 부르며 키웠습니다. 두 아이가 열세 살이 되자 결혼시켜 임금과 왕비로 모셨습니다. 그리고 여섯 마을을 합쳐 나라를 세우니 '사로국'입니다. 박혁거세는 61년 동안 나라를 다스렸습니다.

신라에 철기문명을 전해준 석탈해

용성국 함달파 임금은 왕비가 알을 낳았다는 말에 안 좋은 일이 일어날 징조라며 커다란 궤짝에 알을 넣고는 일곱 가지 보물과 함께 배에 실어 보냈습니다.

배는 흘러 흘러 계림 동쪽 아진포 앞 바다에 이르렀습니다. 이때 바닷가에서 조개를 캐던 아진의선할머니가 까치가 모여 있는 배를 발견했습니다. 할머니가 배에 올라 궤짝을 열자 한 줄기 빛이 새어 나오며 사내아이가 나왔습니다.

할머니는 아이를 집으로 데려왔습니다. 아이 이름은 궤짝에서 벗어났다고 하여 '탈해'라고 지었습니다. 칠일이 지나자 탈해는 하인을 데리고 산으로 올라가 살 집터를 살펴보았습니다. 탈해는 초승달처럼 생긴 언덕 위에 집을 짓기로 마음먹었습니다. 하지만 이미 호공이라는 사람이 살고 있었습니다. 탈해는 집 둘레에 숯과 숫돌을 숨겨두고 호공을 찾아갔습니다.

"우리 할아버지는 대장장이인데 여기서 대대로 살았소. 집 둘레를 찾아보면 숯과 숫돌이 나올 것이오."

호공이 하인을 시켜 찾아보니 돌담 밑에서 숯이 나왔습니다. 그 집은 석탈해 것이 되었습니다.

신라 남해차차웅은 탈해가 철을 잘 다룬다는 소문을 듣고 궁궐로 불렀습니다. 사위로 삼고 높은 벼슬을 주었습니다. 남해차차웅과 뒤를 이어 임금이 된 유리이사금을 도와 나라를 다스리던 석탈해는 유리이사금이 죽자, 신라 네 번째 임금이 되었습니다.

황금궤짝에서 태어난 김알지

탈해이사금이 왕위에 오른 지 9년째 되던 해 어느 날 밤, 호공이 집으로 돌아가고 있는데, 시림숲에서 신기한 불빛이 새어 나오고 닭 울음소리가 들렸습니다. 가까이 가 보니 자주빛 구름에 휩싸인 황금궤짝이 나무에 걸려 있었습니다. 나무 아래에서는 흰 닭이 날개를 퍼덕이며 울어댔습니다. 호공은 얼른 궁궐로 가 탈해이사금을 모시고 왔습니다.

탈해이사금을 본 닭은 크게 한 번 울더니 하늘로 날아 올라갔습니다. 황금궤짝을 열자, 금빛이 쏟아져 나오면서 사내아이가 나왔습니다. 탈해이사금은 하늘이 내린 아이라 여기고 궁궐로 데리고 가서 왕자로 삼았습니다. 이름을 '알지'라고 붙이고 황금궤짝에서 나왔다 해서 성을 '김'으로 정했습니다.

시림숲은 그 때부터 닭이 왕자가 태어난 것을 알렸다고 해서 '계림'이라고 불렀습니다. 훗날 17대 임금인 내물왕부터 김알지 후손이 신라 임금이 되었습니다.

계림-경북 경주

1. 신라 시조 신화에 나오는 세 사람은 누구누구인가요?

그때 사람은

거서간, 차차웅, 이사금, 마립간은 모두 임금을 부르는 말

　박혁거세가 신라를 처음 세웠을 때는 임금을 왕이라고 부르지 않고 '거서간'으로 불렀습니다. 두 번째 임금인 남해는 '차차웅'이라고 부르고, 세 번째 임금인 유리부터는 '이사금'이라고 불렀습니다. 그러다가 열아홉 번째 임금인 눌지부터는 '마립간'이라고 불렀습니다. 임금을 왕이라고 부르기 시작한 것은 스물두 번째 임금인 지증 때부터입니다. 그 까닭은 신라가 처음부터 힘센 임금 한 명이 다스린 것은 아니기 때문입니다.

　옛날에 한반도 남쪽에는 진한국이라는 나라가 있었습니다. 진한국은 하나로 된 나라가 아니라 열두 나라로 나누어져 있었습니다. 고조선이 한나라에 망하자 남쪽으로 내려온 사람이 이 열두 나라에 흩어져 살았습니다. 진한국 열두 나라는 힘이 강한 왕이 아니라 '거서간'이라는 지도자가 각각 다스리다가, 적이 쳐들어오거나 나라에 어려운 일이 생기면 이웃나라와 서로 힘을 모아 이겨냈습니다.

　그 열두 나라 가운데 중심이 된 나라는 사로국입니다. 여섯 고을이 모여서 만든 사로국은 박혁거세를 임금으로 세우기는 했지만 아직 둘레 나라를 손아귀에 쥐고 마음대로 다스릴 만한 힘은 없었습니다. 그래서 왕이라고 부르지 않고 둘레 나라에서 아도간, 피도간 등으로 부른 것처럼 임금을 그냥 '거서간'이라고 불렀습니다.

신라 성씨별 임금

박씨 10명	1대 혁거세, 2대 남해, 3대 유리, 5대 파사, 6대 지마, 7대 일성, 8대 아달라, 53대 신덕, 54대 경명, 55대 경애
석씨 8명	4대 탈해, 9대 벌휴, 10대 나해, 11대 조분, 12대 유례, 15대 기림, 16대 흘해
김씨 38명	13대 미추, 17대 내물, 18대 실성, 19대 눌지, 20대 자비, 21대 소지, 22대 지증, 23대 법흥, 24대 진흥, 25대 진지, 26대 진평, 27대 선덕여왕, 28대 진덕여왕, 29대 태종무열, 30대 문무, 31대 신문, 32대 효소, 33대 성덕, 34대 효성, 35대 경덕, 36대 혜공, 37대 선덕, 38대 원성, 39대 소성, 40대 애장, 41대 헌덕, 42대 흥덕, 43대 희강, 44대 민애, 45대 신무, 46대 문성, 47대 헌안, 48대 경문, 49대 헌강, 50대 정강, 51대 진성여왕, 52대 효공, 56대 경순

살아가는 인물 열어가는 역사

두 번째 임금인 남해는 처음에 남해거서간이라고 부르다가 나중에는 남해차차웅이라고도 불렀습니다. 차차웅은 하늘에서 뜻을 받아 사람에게 알려주고 사람 소원을 하늘에 전해주는 사람인 제사장을 뜻합니다.

남해차차웅이 죽자 아들인 유리와 사위인 석탈해가 서로에게 임금 자리를 양보했습니다. 유리는 석탈해가 철로 물건을 만드는 신비한 능력이 있으니까 임금이 되어야 한다고 했습니다. 그러나 석탈해는 지혜로운 유리가 임금이 되어야 한다고 했습니다. 그 때 사람은 나이가 많을수록 경험이 많고 지혜롭다고 생각했습니다. 누가 임금이 될지 정하지 못해 결국 떡을 깨물어 보아서 잇자국이 많은 사람이 임금이 되기로 했습니다. 석탈해보다 잇자국이 많아서 임금이 된 유리는 철을 잘 다루는 탈해에게 도움을 받아 점점 나라를 넓혀 나갔습니다. 지혜가 많은 사람을 뜻하는 '이사금'은 차츰 '임금'이라는 말로 변했습니다.

열두 나라를 하나로 모았지만, 박씨, 석씨, 김씨, 이렇게 세 성씨가 번갈아 가며 임금이 되었습니다. 그러다가 내물이사금부터 김씨가 임금 자리를 이어갔습니다. 19대 눌지부터는 우두머리 가운데 으뜸이라는 뜻인 '마립간'으로 바꾸어 불렀습니다. 눌지마립간을 중심으로 사로국은 점점 강한 나라가 되었습니다.

22대 지증마립간은 임금을 중국처럼 '왕'이라 부르고 나라 이름은 '신라'로 바꾸며 힘을 쌓아갔습니다

1. 신라가 처음부터 임금을 왕이라고 부르지 못한 까닭은 무엇인가요?

  요즘 사람은

무엇이든지 척척 컴퓨터 생활

▶ 석탈해가 임금이 될 수 있었던 것은 그때 사람이 잘 다루지 못했던 철을 다룰 줄 알았기 때문입니다. 요즘 사람은 과학으로부터 도움을 받아 문제를 해결하는 경우가 많습니다.

옛날에는 하늘이 모든 생명과 세상을 만들었다고 생각했습니다. 그래서 임금도 하늘이 보냈다고 한 것입니다. 하지만 요즘은 컴퓨터를 이용해 자기가 원하는 정보를 찾을 수 있고, 비록 컴퓨터 모니터 안이긴 하지만 누구나 컴퓨터로 자기가 원하는 세상을 만들어 볼 수 있습니다.

나는 얼마 전에 엄마랑 유비쿼터스 체험관에 다녀왔습니다. 유비쿼터스란 '언제 어디서나 있다'라는 뜻입니다. 언제 어디서나 인터넷 통신망에 접속해 하고 싶은 일을 할 수 있습니다.

지난 설날에도 우리는 유비쿼터스 덕을 보았습니다. 부산 할아버지 집에 다녀올 때 아빠와 삼촌은 차 안에서 스마트폰을 켜서 차들이 밀리지 않는 도로를 찾아 막히지 않고 빨리 왔습니다. 처음에는 스마트폰에 프로그램이 저장되어 있는 줄 알았는데 무선인터넷 덕분에 고속도로에서도 빠른 길 정보를 쉽게 얻을 수 있었습니다. 그러고 보면 나는 벌써 유비쿼터스 생활을 하고 있는 셈입니다.

체험관에는 사람처럼 느낌을 말하고, 이야기를 나눌 수 있는 장미꽃, 또 백설공주에서 나오는 마법거울처럼 말하는 거울같이 신기한 것이 많았습니다. 거울은 엄마에게 어울리는 머리 모양을 알려주고, 나에게는 깨끗이 이 닦는 법을 가르쳐주었습니다. 거울은 내가 이를 제대로 닦지 않는다는 것을 어떻게 알았을까요? 그 비밀은 RFID카드에 있었습니다. 체험관에 들어 갈 때 신분증처럼 걸어준 목걸이에 들어있는 내 정보를 거울이 알아 본 것입니다.

유비정원에는 사이버 연못이 하나 있었습니다. 연못에 사는 물고기는 신기하게 생긴 것이 많았습니다. 내가 키우고 싶은 물고기를 그려 넣으면 모니터 속 연못에 그 물고기가 헤엄쳐 다녔습니다. 물고기를 마음대로 만들어서 키울 수 있는 사이버 연못을 통째로 집에 들고 가고 싶었습니다.

체험관을 정신없이 구경하다 엄마를 잃어버렸습니다. 그런데 RFID카드에 위치추적장치가 있어서 쉽게 찾았습니다. 이렇게 유비쿼터스는 우리 생활을 아주 편리하게 해줍니다.

 생각하기

1. 유비쿼터스 기술을 어떤 분야에 활용하고 싶나요? 그 까닭도 함께 써 보세요.

05

고구려를 세운

주몽

(기원전 58년~기원전 19년, 고구려를 세운 임금)

🔊 역사 연대기

기원전 57년 박혁거세가 신라를 세움
기원전 37년 주몽이 고구려를 세움
기원전 19년 고구려 유리왕이 왕위에 오름

🔊 학습목표

1. 주몽에 대해 알 수 있다.
2. 고구려 건국 배경을 알 수 있다.
3. 특별한 탄생에 대해 생각할 수 있다.
4. 생일에 대해 생각할 수 있다.

 **인물 이야기**

알에서 나온 주몽

　동부여 금와왕이 우발수를 지나다가 집에서 쫓겨난 유화부인을 발견하고 궁궐로 데려와 보살펴 주었습니다.

　햇빛이 유화부인을 따라 다니더니 얼마 뒤 커다란 알을 낳았습니다. 불길하게 여긴 금와왕은 버리라고 했습니다. 개와 돼지에게 주었으나 먹지 않고 입김을 불어넣어 지켜주었고, 길에 버렸으나 말과 소도 밟지 않았습니다. 들판에 버렸으나 새들이 날아와서 따뜻하게 감싸주었습니다.

　알을 던져도 보고 도끼로 내리쳐 보기도 했지만, 깨지지 않았습니다. 금와왕은 어쩔 수 없이 유화부인에게 돌려주었습니다.

　얼마 뒤에 알을 깨고 사내아이가 나왔습니다. 잘 생기고 똑똑한 아이였습니다. 활쏘기를 잘하여 못 맞히는 것이 없었습니다. 그래서 활을 잘 쏘는 사람이라는 뜻으로 '주몽'이라 불렀습니다.

　금와왕에게는 아들이 일곱 명 있었는데, 주몽이랑 서로 재주를 겨루곤 했습니다. 금와왕 아들들은 재주가 뛰어난 주몽을 미워했습니다.

　어느 날 첫째 아들 대소가 금와왕에게,

　"주몽을 없애지 않으면 나중에 안 좋은 일이 생길 것입니다."

　죽이라고 말했습니다.

　금와왕은 대소가 하자는 대로 들어주지는 않았지만, 대소가 주몽을 죽이려 한다는 눈치를 챈 유화부인이 도망치라고 했습니다.

　주몽은 친구인 오이, 마리, 협부와 함께 남쪽으로 갔습니다. 가다가 큰 강을 만났습니다. 뒤로는 대소가 이끌고 쫓아오는 부여 군사가 점점 다가오고, 앞은 깊은 강이 가로막고 있었습니다.

살아가는 인물 열어가는 역사

주몽은,

"우리 할아버지는 하늘나라 임금님이고, 우리 외할아버지는 물을 다스리는 하백입니다. 지금 목숨이 위급해 강을 건너려는데 다리가 없으니, 어떻게 하면 좋겠습니까?"

소리쳤습니다. 그러자 물속에서 수많은 물고기와 자라가 떠올라 다리를 만들어 주었습니다. 주몽은 무사히 강을 건널 수 있었습니다.

주몽은 압록강 옆에 있는 졸본 땅으로 가서 나라를 세우고 동명성왕이 되었습니다. 나라 이름을 '카우리'라고 했습니다. 한자로 써서 '고구려'가 되었습니다. 나라 이름을 따서 성을 '고'씨로 정했습니다.

동명성왕은 힘을 점점 더 키워 그 다음해에는 둘레에 있는 나라 가운데 가장 큰 비류국을 정복했습니다. 그 뒤에는 옥저 북쪽 땅을 정복했고, 만주지방으로 세력을 넓혀가면서 더 많은 땅을 차지했습니다.

고구려는 점점 크고 힘센 나라가 되었습니다. 동명성왕은 동부여에서 온 아들인 유리를 태자로 삼은 뒤 세상을 떠났습니다.

 탐구하기

1. 부여에서 활을 잘 쏘는 사람을 무엇이라 불렀나요?

2. 주몽이 처음으로 나라를 세운 곳은 어디인가요?

그때 사람은

특별한 탄생

　우리나라 건국신화에는 알에서 사람이 태어난 이야기가 많습니다. 고구려 주몽뿐만 아니라 신라 박혁거세, 석탈해, 김알지, 가야 김수로왕도 알에서 태어났습니다. 이런 이야기는 신화에 나오는 주인공을 특별하게 만들어서 보통사람보다 뛰어나다는 것을 나타내려 한 것입니다.

　사람이 알을 낳으면 안 좋은 일이 일어날 것이라 여기고 알을 없애려 했습니다. 하지만 밖에 내다버려도 동물들이 보호하고, 깨뜨리려고 해도 깨지지 않았습니다. 이런 고난과 시련을 겪으며 알은 더욱 단단해지고 강해졌습니다.

　고구려를 막 세웠을 때는 힘이 약해서 둘레에 있는 많은 나라로부터 위협을 받았습니다. 그래서 나라를 강하게 만들어 이끌어갈 사람이 필요했습니다. 주몽은 이미 알 속에서 겪은 고난으로 단단해져 강한 나라를 세울 준비를 한 것입니다.

　옛날 사람들은 태양과 하늘과 새를 신성하게 여기며 받들었습니다. 알에서 태어났다는 것은 하늘에서 내려온 특별한 사람이라는 뜻입니다. 주몽은 하늘과 관계있는 사람이고 고구려는 하늘 뜻을 이어받아 세운 나라라는 것입니다.

　주몽이 부여 군사에 쫓겨서 위험에 처했을 때 자신이 하늘나라 임금님 손자라고 하자 물고기와 자라가 다리를 만들어 도와주었다는 이야기를 보면 이런 사실을 알 수 있습니다.

가야 건국신화를 보면 김수로왕 역시 알에서 나왔습니다. 새로운 임금님을 맞이하려는 사람들이 거북노래를 부르자 하늘에서 알 여섯 개가 담긴 황금상자가 내려 왔습니다.

알에서 나온 사내아이가 각각 여섯 가야에 임금님이 되었습니다. 금관가야 임금이 된 김수로왕과 다섯 가야 임금 역시 하늘 뜻에 의해 이 세상에 내려왔다는 것을 나타내고 있습니다. 보통 사람과는 다른 특별한 존재라는 것입니다.

신라 박혁거세도 알에서 태어난 사람입니다. 온 세상에 항상 빛을 비추라는 뜻에서 이름은 혁거세, 박같이 생긴 알에서 나왔다고 해서 성을 '박'이라 지었습니다.

그럼 이런 신화를 만든 까닭은 무엇일까요? 나라를 세운 임금은 다른 곳에서 들어와 원래 그 땅에 살던 사람을 정복했습니다. 이미 살고 있는 사람을 잘 다스리기 위해 자신이 보통 사람과는 다른 아주 특별한 존재라고 했습니다. 그래야 다른 사람이 말을 잘 들어서 쉽게 다스릴 수 있기 때문입니다.

하지만 반대로 생각하면 건국신화에 나오는 사람이 힘이 세지 않았기 때문일 수도 있습니다. 힘이 세다면 힘으로 다른 사람을 눌러도 되지만, 그렇지 못하니까 하늘이 보내준 사람이라고 했을 수도 있습니다.

1. 옛날 사람들은 왜 알에서 나왔다는 이야기를 만들어냈을까요?

요즘 사람은

초호화판 생일파티

▶ 건국신화에 나오는 특별한 탄생처럼 요즘도 태어난 것을 특별하게 생각하며 생일파티를 합니다. 생일파티를 어떻게 하는 것이 좋을지 생각해 봅시다.

옛날에도 사람이 태어나는 것을 특별하게 생각한 것처럼 요즘에도 태어난 것을 아주 중요하게 여깁니다.

그래서 생일을 기념하는 파티를 합니다. 파티를 크게 할수록 자기가 더 대단하다고 여기는 사람이 지나치게 호화로운 생일파티를 열어서 눈살을 찌푸리게 하는 경우도 있습니다.

토요일 오후, 서울 강남에 있는 호텔 대형연회장에서 초등학교 1학년 아이가 생일파티를 열었습니다. 손님은 친구 30 명이었습니다. 마술을 보면서 안심스테이크 어린이세트를 먹고, 기념촬영도 했습니다. 파티에 참석한 어린이들은 자기도 그런 파티를 했으면 좋겠다고 합니다.

일부 초등학생 사이에는 몇 백만 원이 넘는 초호화 호텔 생일파티가 인기라고 합니다. 집이나 음식점에서 하던 생일파티를 패스트푸드점이나 패밀리레스토랑, 카페 등에서 하기 시작하더니 이제는 고급 호텔로 바뀌고 있습니다.

한 학부모는 그런 생일파티를 열어줄 수 없으니 자기 아이가 따돌림 받을 것 같아 걱정이 된다고 합니다. 또 어떤 학부모는 생일은 기념하는 것이 더 중요하다며 굳이 호화로운 파티를 할 필요는 없다고도 합니다.

생일이 어떤 날인지 생각해봅시다. 생일은 이 세상에 태어난 것을 축하하고, 낳아주신 부모님께도 감사하는 날입니다. 파티를 어떻게 하느냐가 중요한 것이 아니라 생일이라는 의미를 새겨보는 것이 더 중요할 것 같습니다.

생각하기

1. 생일은 어떤 날이고, 생일날은 어떻게 하는 것이 좋을까요?

06

두 나라 건국을 도운 여인,

소서노

(태어난 때 모름~기원전 6년, 고구려와 백제 건국을 도운 사람)

🔊 역사 연대기

기원전 37년 주몽이 졸본에 고구려를 세움
기원전 18년 온조가 백제를 세움
기원전 17년 고구려 유리왕이 〈황조가〉를 지음
기원전 6년 소서노가 죽음

🔊 학습목표

1. 소서노에 대해 알 수 있다.
2. 왕위 계승에 대해 알 수 있다.
3. 대통령 선거에 대해 알 수 있다.

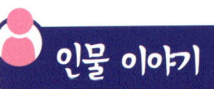

두 나라를 세우는 데 힘이 된 소서노

　졸본부여에 연타발이라는 사람이 있었습니다. 장사를 해 재물이 많았으며, 인품도 뛰어나 많은 사람에게 존경을 받고 있었습니다. 연타발에게는 소서노라는 딸이 있었습니다. 남편을 잃고, 비류와 온조라는 두 아들을 데리고 살았습니다.

　그러던 어느 날 동부여에서 도망쳐 온 주몽을 만나게 되었습니다. 연타발과 소서노는 활을 잘 쏘고, 말도 잘 다루며 지혜로운 주몽이 지도자로서 손색이 없다고 생각했습니다. 소서노는 주몽을 도왔고, 두 사람은 혼인을 했습니다.

　졸본부여 사람도 주몽을 따르게 되었고, 임금으로 받들었습니다. 왕위에 오른 주몽은 동명성왕이 되었고, 나라 이름을 '고구려'라고 했습니다. 고구려는 둘레 부족을 차례로 정복해 점점 큰 나라가 되었습니다.

　이렇게 고구려를 세우는 데 많은 도움을 준 소서노는 큰 아들인 비류가 다음 왕위에 오를 태자가 될 것이라고 굳게 믿었습니다.

　그런데 어느 날 동부여에서 유리라는 소년이 동명성왕 아들이라며 찾아왔습니다. 동명성왕은 유리를 태자로 삼았습니다.

　소서노를 따르는 사람들은 반란을 일으켜 태자 자리를 빼앗자고 했습니다. 그러나 고구려 안에서 다투기보다는 새 나라를 세우는 것이 더 좋다고 생각한 소서노는 비류와 온조에게,

"언제까지 한탄하며 젊음을 보낼 것이냐? 너희가 새로운 나라를 세우겠다면 함께 가서 도움을 주겠다."

고 했습니다.

　비류와 온조는,

"고구려를 세우는 데 큰 힘이 되셨던 어머니께서 함께 가 주신다면, 아무 걱정이 없을 것 같습니다."

떠나겠다고 했습니다.

　소서노가 남쪽으로 떠난다고 하자, 많은 신하와 백성이 뒤를 따랐습니다.

　남쪽으로 내려온 소서노는 오늘날 서울 지역이 도읍지로 적당하다고 생각했습니다. 높은 산이 있어서 적을 막기가 쉽고, 큰 강이 흐르고 있어서 장사배가 오고 가기도 편할 것 같았습니다. 남쪽으로는 넓은 들판이 있어서 농사를 짓기에도 좋아서 사람이 살기 좋을 것이라고 생각했습니다. 온조는 한강둘레에 도읍을 정하고 나라 이름을 '십제'라고 했습니다.

　그러나 비류는 바다 가까이 있는 미추홀이 더 낫다고 여겨 미추홀로 가서 나라를 세웠습니다. 그러나 물이 짜서 살기가 힘들었습니다. 비류가 죽자 미추홀 백성이 십제로 왔습니다. 온조는 나라 이름을 '백제'로 바꾸었습니다.

　주몽과 함께 고구려를 세웠던 소서노는 능력과 경험을 백제를 세우는 데에도 크게 발휘했습니다.

1. 연타발과 소서노가 주몽이 지도자로 손색이 없다고 생각한 까닭은 무엇인가요?

2. 소서노가 남쪽으로 내려와서 온조와 함께 세운 나라는 무엇인가요?

누가 왕위를 물려받았을까요?

옛날에는 형제끼리 왕위를 이어받는 경우가 있었습니다. 그러자 임금이 죽으면 동생끼리 서로 임금이 되려고 했습니다. 왕위를 노리는 사람이 많아서 다툼이 끊이지 않았고, 임금 자리도 위태로웠습니다. 그래서 아들에게 왕위를 물려주게 되었습니다.

맏아들을 태자로 정하자, 다음 왕위에 오를 사람이 미리 정해져 있으니 아무도 탐내지 못했습니다. 평화롭고 자연스럽게 왕위를 이어받을 수 있었습니다. 미리 태자를 정하면 왕이 될 준비를 시킬 수도 있었습니다. 왕위에 오른 태자는 아버지가 했던 일을 이어 받아 나라를 더 발전시킬 수 있었습니다. 그래서 왕권이 강해지고 정치가 안정되어 백성은 편안해졌습니다. 유리는 주몽이 낳은 맏아들이었기 때문에 비류와 온조를 제치고 임금이 되었습니다.

나라가 편안할 때 왕위를 잇는 경우는 원칙이 있었습니다.

왕에게 아들이 없을 경우에는 왕족 가운데에서 왕위를 이었습니다.

고구려 소수림왕은 자식이 없어서 동생인 고국양왕에게 왕위를 물려주었습니다. 신라에서는 골품제도라는 신분계급제도가 있어서 왕족인 성골만이 왕위를 이었습니다. 그런데 성골 가운데 왕위를 이을 남자가 없자, 여자인 선덕여왕이 왕위에 올랐습니다. 그러나 선덕여왕에게도 자식이 없었기 때문에 진덕여왕이 왕이 되었고, 진덕여왕에게도 자식이 없어서 귀족회의를 통해 진골인 김춘추가 왕위를 이었습니다.

둘째나 셋째 아들이 임금이 되는 경우도 있었습니다.

조선 인조 임금 때 큰아들이었던 소현세자가 갑자기 죽자 둘째 아들인 봉림대군이 왕위에 올랐습니다. 태종 임금도 첫째 아들인 양녕대군보다 셋째 아들인 충녕대군이 더 지혜롭다고 생각했습니다. 그래서 세종대왕이 될 수 있었습니다.

왕위를 이을 자식이 없을 때는 먼 친척이 잇는 경우도 있었습니다.

조선 헌종 임금은 자식을 낳지 못하고 죽었습니다. 그러자 강화도에서 농사를 지으며 살던 이원범이 왕위에 올랐습니다. 철종 임금입니다. 영조 임금 증손자가 임금으로 뽑힌 것입니다.

그러나 아들이나 동생이라고 해서 무조건 왕위를 물려주다보니 능력없는 사람이 임금이 되기도 했습니다. 제대로 다스리지 못하기 때문에 나라가 더 어지러워지기도 했습니다.

탐구하기

1. 맏아들에게 왕위를 물려줄 경우 좋은 점은 무엇일까요?

2. 농사를 짓던 이원범은 어떻게 왕위에 오를 수 있었나요?

요즘 사람은

국민이 직접 뽑아요.

▶ 옛날에는 한번 임금이 되면 죽을 때까지 나라를 다스렸습니다. 그러나 요즘에는 나라를 대표하는 대통령을 국민이 직접 뽑습니다. 대통령을 뽑는 것에 대하여 알아봅시다.

우리나라나 프랑스는 대통령을 국민이 직접 뽑습니다. 미국은 선거인단이, 터키는 의회에서 대통령을 뽑습니다. 이렇게 나라마다 대통령을 뽑는 방법이 다릅니다.

우리나라도 처음에는 국회의원이 대통령을 뽑다가 국민이 직접 뽑는 것으로 바뀌었습니다. 대표 몇 명이 모여서 뽑는 것으로 바뀌기도 했습니다. '통일주체국민회의'나 '선거인단'이라는 사람이 체육관에 모여서 뽑았습니다.

1987년에 많은 사람이 대통령을 국민이 직접 뽑게 해달라고 들고 일어났습니다. 그래서 국민 뜻을 받아들여 다시 법을 바꾸었습니다. 이제는 만 19세 이상 대한민국 국민이면 누구나 대통령을 뽑을 수 있는 선거에 참여할 수 있습니다.

40세 이상으로 선거가 있기 전까지 5년 이상 우리나라에 살고 있는 사람은 대통령 후보가 될 수 있습니다. 그렇지만 아무나 대통령 선거에 나올 수는 없습니다. 국회의원이 모인 정당이나, 선거권이 있는 어른 2천 5백~5천 명에게 추천을 받아야 합니다. 그리고 기탁금이라는 돈을 내야 합니다. 선거에서 15% 이상 표를 얻게 되면 기탁금을 돌려받지만, 그렇지 못할 경우는 돌려받지 못합니다.

국민이 선거를 해서 표를 가장 많이 얻은 사람이 대통령으로 당선됩니다. 지금 우리나라 대통령 임기는 5년입니다.

생각하기

1. 오늘날에는 대통령을 어떻게 뽑나요?

2. 대통령이 되려면 일정한 자격이 있습니다. 무엇인가요?

06

고구려 기틀을 잡은

유리왕

(기원전 38년~18년, 고구려 2대 임금)

🔊 역사 연대기

기원전 19년 유리왕이 왕위에 오름
기원전 18년 온조왕이 백제를 건국함
기원전 9년 유리왕이 선비족을 정벌함
18년 유리왕이 죽음

🔊 학습목표

1. 유리왕에 대해 알 수 있다
2. 고구려 성에 대해 알 수 있다.
3. 담장 허물기를 하는 까닭을 알 수 있다.

인물 이야기

일곱 모가 난 돌 위 소나무 밑에 있는 징표를 찾아라!

유리왕 아버지는 고구려 동명성왕인 주몽입니다.

주몽은 유리가 태어나기 전, 금와왕 아들인 대소왕자가 죽이려고 하자 동부여에서 도망쳐야 했습니다. 임신 중이었던 예씨부인을 두고 떠나면서,

"나중에 아들이 태어나거든 반드시 나를 찾아오라고 하세요. 일곱 모가 난 돌 위에 있는 소나무 밑에 숨겨둔 물건을 찾아오면 그 아이가 내 아이임을 알 수 있을 것이오."

당부했습니다.

예씨부인이 얼마 뒤에 낳은 유리는 씩씩하게 자랐습니다. 새총을 잘 쏘아 날아가는 참새도 맞힐 정도였습니다.

그런데 어느 날 새를 쏜다는 것이 물동이를 맞히는 바람에 깨지고 말았습니다. 물동이 주인은 아비 없이 자랐기 때문에 무례한 짓을 한다며 나무랐습니다.

유리는 예씨부인에게,

"이 세상에 모든 짐승조차도 부모가 있는 법입니다. 그런데 어찌하여 저에게 한 번도 아버지에 관한 말씀을 해주시지 않는 것입니까? 제 아버지는 누구이며 어디에 계시는지요?"

물었습니다. 예씨부인은 아버지가 동명성왕이며, 동부여를 떠나면서 일곱 모가 난 돌 위에 소나무가 있는 곳 밑에 징표를 남겨 두었다고 했습니다.

유리는 징표를 찾기 위해 여기저기 헤매 다녔습니다. 징표를 찾지 못하고 잠시 마루에 앉아 쉬고 있다가 무심코 주춧돌을 보았습니다. 주춧돌은 일곱 모로 깎여 있고, 그 돌 위에 세워진 기둥은 소나무였습니다. 기둥 밑을 파자, 부러진 칼 조각이 나왔습니다.

유리가 고구려로 가서 부러진 칼을 바치자, 가지고 있던 나머지 칼 조각과 맞추어 본 동명성왕은 크게 기뻐하며 태자로 삼았습니다.

살아가는 인물 열어가는 역사

왕위를 이어받은 유리는 선비족을 정복해 지배했습니다.

동부여 대소왕이 고구려를 속국으로 삼기 위해 왕자를 인질로 보내라고 했으나, 보내지 않았습니다. 화가 난 대소왕이 군사 5만 명을 이끌고 쳐들어 왔습니다. 그러나 눈이 많이 내리는 바람에 물러나야 했습니다. 고구려는 강한 나라로 커졌고, 둘레 나라를 합쳐나갔습니다.

그러던 어느 날, 제물로 쓰려던 돼지가 달아나 버렸습니다. 임금은 돼지를 키우는 설지에게 당장 잡아오라고 했습니다. 설지는 한참을 뒤쫓다가 국내성에 이르렀습니다. 돼지는 더 이상 도망가지 않았습니다.

아름다운 경치가 펼쳐진 국내성을 보고 돼지가 자기를 이곳으로 이끌었다는 것을 깨달은 설지는 돌아와서 유리왕에게,

"폐하, 국내성은 땅이 기름져 농사짓기에 알맞고, 경치가 뛰어나고 사슴과 물고기가 많았습니다. 그곳으로 도읍을 옮기면 온 백성이 잘 살 수 있을 것입니다."

라고 했습니다. 유리왕은 직접 가보았습니다. 도읍으로 손색이 없었습니다. 유리왕은 국내성으로 도읍을 옮기고 적이 침입해 오는 것에 대비해 위나암성을 쌓았습니다.

유리왕은 고구려를 강한 나라로 만드는 데 많은 노력을 기울였습니다. 유리왕이 죽은 뒤 아들인 대무신왕이 왕위를 이어 받아 고구려는 점점 힘센 나라가 되었습니다.

1. 주몽이 동부여를 떠나면서 남겨 둔 징표는 어디에 있었나요?

2. 유리왕은 도읍을 어디로 옮겼나요?

 그때 사람은

성(城)이 많은 나라, 고구려

유리왕은 동명성왕이 고구려를 세울 때 도읍으로 삼은 졸본에서 국내성으로 옮겼습니다.

《삼국사기》에는 국내성으로 도읍을 옮길 때, '제사에 쓸 돼지가 도망을 가는 바람에 쫓아가서 잡은 곳이 바로 국내 위나암이었다. 둘러보니 평평하고 살기 좋은 땅이어서 이곳으로 도읍을 정했다'고 씌어 있습니다. 유리왕이 도읍을 국내성으로 옮긴 까닭은 두 가지입니다.

첫째, 국력이 점점 커지고 백성도 많아지는데, 산악지대에 있는 졸본은 좁아서 살기가 힘들었기 때문입니다.

둘째, 농사짓기와 사냥하기 좋은 곳을 찾아 나라를 더 튼튼하게 만들기 위해서입니다.

이렇게 해서 정해진 국내성은 427년 장수왕이 평양으로 옮길 때까지 오랫동안 도읍이 되었습니다.

옛날 고구려 땅인 만주와 북한 땅에는 오녀산성이나 국내성 말고도 곳곳에 고구려 성이 있습니다. 만주에만 고구려 성 흔적 200여 개가 남아 있습니다. 고구려 성은 북한과 만주뿐만 아니라 충북 단양에 온달산성을 비롯해 남한땅에도 있습니다. 이렇게 고구려 사람이 살던 곳에는 어디나 성이 있습니다. 고구려는 발길 닿는 곳마다 성을 쌓은 나라이기 때문입니다.

고구려 성은 겉모양부터 중국 성과 다릅니다. 중국 사람은 황허 둘레 평평한 땅에 황토를 층층이 다져서 성을 쌓았습니다. 흙으로 쌓았으니 '토성'입니다. 고구려보다 늦게 만주 땅을 지배했던 거란족이 세운 요나라나 여진족이 세운 금나라도 중국 사람처럼 평평한 땅에 토성을 쌓았습니다.

국내성-중국 지린

온달산성-충북 단양

살아가는 인물 열어가는 역사

그러나 고구려 사람은 들판에서 농사를 짓다가 외적이 쳐들어오면 산으로 피하기 위해서 산성을 쌓았습니다. 석촌동 고분같은 돌무지무덤을 만들며 배운 솜씨로 성을 쌓았습니다. 산에다 돌로 쌓은 석성은 고구려에만 있던 기술입니다. 퇴물림쌓기, 수평쌓기, 그랭이공법 등은 고구려 사람이 돌을 얼마나 잘 다루었는지 알 수 있는 증거입니다.

석촌동 고분–서울 송파

산성을 쌓는 전통은 고구려가 만주나 한반도 여러 곳을 차지한 다음에도 이어졌습니다. 그래서 지금도 만주에 가면 고구려 성은 산에 자리 잡고 있는 것을 볼 수 있습니다. 끊임없이 쳐들어오는 외적을 막아야 했던 고구려는 전쟁을 할 때 산성을 이용했습니다.

하지만 산성을 쌓기 위해서는 돌을 옮겨야 하고 성 모양에 맞게 다듬기도 해야 합니다. 흙보다 무거운 돌을 옮기는 것은 힘이 들고, 돌을 다듬으려고 하니 시간도 많이 걸렸지만 돌로 쌓는 산성이 흙으로 쌓는 토성보다 적을 막기가 더 편했습니다.

퇴물림쌓기
아래에는 무겁고 긴 돌을 쌓고 위로 올라 갈수록 크기를 줄인 돌을 조금씩 뒤로 물려가며 쌓는 방법이다.

수평쌓기
마름돌, 네모막돌 등을 수평으로 놓아 쌓는 것으로 켜쌓기라고도 한다.

그랭이 공법
쌓는 돌을 바위가 생긴 대로 쪼아서 모양을 맞추어 쌓는 방법이다.

탐구하기

1. 고구려 사람은 왜 산성을 쌓았나요?

2. 중국이 쌓은 성과 구별할 수 있는 고구려 사람 고유한 성 쌓기 방법은 무엇인가요?

요즘 사람은

담장을 허물어요.

▶ 옛날에는 성을 쌓아 외적이 쳐들어오지 못하게 했습니다. 집에도 담을 쌓아 남이 들어오지 못하게 막았습니다. 그런데 요즘에 도리어 담을 허물고 있는 것에 대하여 생각해봅시다.

옛날에는 자기 땅을 지키기 위해서 성을 쌓았습니다. 그러나 전쟁 무기가 발달하면서 성이 필요 없어졌습니다.

하지만 개인이 자기 재산을 지키기 위해 쌓은 '담'은 오랫동안 없어지지 않았습니다. 도둑이 들거나 지나가는 사람이 집안으로 함부로 들어오는 것을 막으려면 담이 꼭 필요했기 때문입니다.

요즘은 담을 허무는 곳이 많아지고 있습니다.

1996년부터 관공서와 학교가 앞장서서 담 허물기를 하고 있습니다. 길과 건물, 길과 학교 운동장을 가로막은 담을 헐어버리고 탁 트이게 한 것입니다.

시원하게 트인 것이 훨씬 더 좋은 것을 알게 되자 가정집도 담을 허물기 시작했습니다. 이웃과 마당을 같이 쓰는 집도 늘고 있습니다. 탁 트여 있으니 함부로 드나드는 사람도 없고, 도둑이나 집 앞에 몰래 쓰레기를 버리는 사람도 없어졌습니다. 마당에 연못을 파고 나무를 심어 동네 휴식처로 가꾸는 집도 많아졌습니다. 또 차를 세우기도 편해졌습니다.

담 허물기 덕분에 자연이 살아 숨 쉬는 도시로 탈바꿈하게 되었습니다.

생각하기

1. 담장 허물기를 했을 때 좋은 점은 무엇일까요?

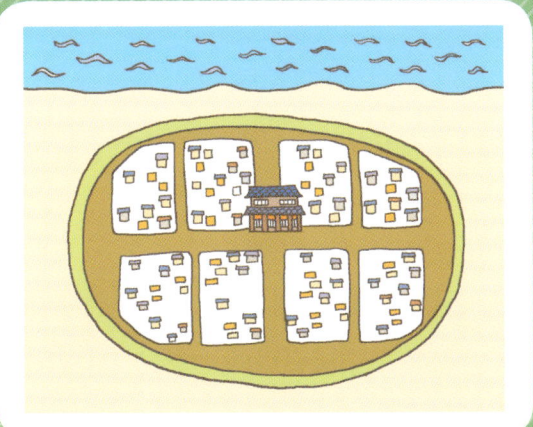

08

백제를 세운

온조

(태어난 때 모름~28년, 백제를 세운 임금)

🔊 역사 연대기

기원전 18년 백제가 건국됨

🔊 학습목표

1. 백제 건국시조 온조에 대해 알 수 있다.
2. 백제 건국 배경과 과정을 알 수 있다.
3. 백제 사람이 먹었던 음식을 알 수 있다.
4. 요즘 어린이가 좋아하는 음식을 알 수 있다.

 인물 이야기

백제를 세운 온조

주몽인 동명성왕이 고구려를 세워 다스리고 있을 때, 동부여에서 아들인 유리가 찾아왔습니다. 자신을 닮아 활을 잘 쏘고 지혜로운 유리를 태자로 삼았습니다.

고구려를 세우는 데 많은 도움을 준 왕후, 소서노에게는 비류와 온조라는 아들이 있었습니다. 유리를 태자로 삼자, 비류와 온조는 더 이상 고구려에 살 수 없었습니다. 새로운 나라를 세우겠다며 어머니를 모시고 오간과 마려를 비롯한 부하와 함께 남쪽으로 떠났습니다. 따르는 백성도 많았습니다.

남쪽으로 내려온 비류와 온조 일행은 드디어 마음에 드는 땅을 찾아냈습니다. 동쪽으로는 높은 산이 있고, 남쪽으로는 평야가 펼쳐져 있었습니다. 북쪽으로는 동서로 유유히 아리수(한강)가 흘렀습니다. 온조는 나라를 세우기에 알맞은 곳이라고 생각했습니다.

"형님 저는 여기에 새로운 나라를 세우고 싶어요. 큰 강과 넓은 들이 있고, 산들이 둘러 싸고 있으니, 누가 쳐들어온다고 해도 방어하기가 좋을 것 같아요."

온조는 넓게 펼쳐진 들판과 높은 산을 가리키며 만족한 듯 말했습니다.

그런데 비류는 바닷가 근처에 나라를 세우고 싶었습니다. 부하들과 온조가 말렸지만, 비류는 고집을 꺾지 않았습니다. 함께 온 부하와 백성을 나누어 미추홀(인천)로 갔습니다.

하지만 미추홀에 자리 잡은 비류는 크게 후회했습니다. 마실 물은 짜고, 땅이 질퍽해서 농사짓기가 힘들었기 때문입니다.

큰 병을 얻은 비류가 죽고 나자 따라왔던 백성이 온조에게 되돌아 갔습니다. 온조는 따뜻하게 맞이했습니다. 백성이 많아지자, 넓은 땅이 필요했습니다. 온조는 하남 위례에 다시 성을 쌓고, 나라 이름을 '십제'에서 '백제'로 고쳤습니다.

온조가 왕이 된지 13년 만에 백제는 북으로는 예성강, 남으로는 공주, 동으로는 춘천, 서로는 바다에 이르는 넓은 지역을 차지했습니다. 기름진 평야가 많은 백제는 농사짓기에 힘을 쏟았고, 곡식이 무럭무럭 자라 백성은 넉넉한 생활을 했습니다. 풍부한 식량은 전쟁에도 큰 도움을 주었습니다. 그래서 백제는 신라보다 빨리 발전할 수 있었고, 고구려와 어깨를 나란히 할 수 있었습니다.

하남위례성으로 짐작하는 몽촌토성–서울 송파

하남위례성으로 짐작하는 풍납토성–서울 송파

1. 비류가 부하를 데리고 가서 자리 잡은 곳은 어디인가요?

2. 온조가 세운 나라 이름은 무엇인가요?

그때 사람은

농사는 언제부터 지었을까요?

구석기 시대에는 해가 떠오르면 동굴 밖으로 나와 먹을 것을 찾아 다녔습니다.

나무열매, 풀, 땅속뿌리 같은 것을 먹었습니다. 사냥도 했습니다. 구해온 음식은 다 같이 공평하게 나누어 먹었습니다. 살던 곳에 먹을 것이 없어지면 옮겨가면서 살았습니다.

신석기 시대부터는 농사를 짓기 시작했습니다. 먹고 버린 식물 씨앗에서 싹이 트고 자라나 열매 맺는 것을 보고 농사짓는 방법을 깨달았습니다. 조, 피, 기장과 같은 잡곡 농사를 지었는데, 씨를 뿌리고 거두어들일 때까지 한 곳에 머물러 살았습니다.

암사동 선사유적지-서울 강동

농사를 짓기 시작하면서 생활이 크게 바뀌었습니다. 처음에는 여럿이 힘을 모아 농사를 지었지만, 거두어들이는 식량이 많지 않았습니다. 농사짓는 기술과 도구가 발달하면서 조금만 일해도 많이 거두어들일 수 있게 되었습니다.

가족끼리만 일을 해도 먹고 남을 만큼 많아졌습니다. 가족끼리 농사지어서 먹고 살 수 있는 시대가 되었습니다. 기름진 땅을 차지한 가족은 남는 식량이 많고, 그렇지 못한 가족은 부족했습니다. 식량이 많은 사람은 부자, 적으면 가난한 사람, 이렇게 마을 사람끼리도 차이가 생겼습니다.

청동기 시대부터는 벼농사도 지었습니다. 농사는 나무 열매를 구하고 사냥을 하는 것보다 더 중요한 일이 되었습니다. 철기가 널리 보급되면서 농사짓는 기술은 더 발전했습니다.

이때부터 여자는 주로 집 안에서 아이를 돌보고 곡식으로 밥을 짓는 일을 했습니다. 힘이 많이 드는 농사일은 주로 남자가 하게 되면서 남자가 세상을 이끌어 가기 시작했습니다.

고구려, 백제, 신라 가운데 백제는 너른 들판이 많아서 농업이 가장 발달했습니다. 백제는 서울, 경기도, 충청도, 전라도 땅에서 농사를 지었습니다.

살아가는 인물 열어가는 역사

벼농사를 지으려면 많은 물이 필요했습니다. 그래서 물을 가두어 놓는 연못과 저수지를 만들었습니다. 이때 만든 저수지가 전라북도 김제에 있는 벽골제, 충청북도 제천에 있는 의림지, 경상남도 밀양에 있었던 수산제입니다. 이 가운데 벽골제는 가장 오래 되었습니다. 백제 11대 임금인 비류왕 때 쌓았고, 신라 원성왕 때 더 늘려 지었습니다. 고려시대와 조선시대에도 고쳤습니다.

벽골제를 만들 때, 수많은 사람이 둑을 쌓아놓고 다음 날 아침에 보면 무너져 있어 공사가 힘들었습니다. 어떻게 하면 좋을지 고민을 하는데 백발노인이 나타나 말뼈를 묻고 둑을 쌓으면 무너지지 않을 것이라고 일러 주었습니다. 노인이 일러준 대로 했더니 둑을 잘 쌓을 수 있었습니다. 벽골제란 이름은 '말뼈 색이 푸르다'고 해서 붙인 것이라고 합니다. 저수지에서 물을 끌어다 농사를 지어서 쌀밥을 배불리 먹을 수 있게 되었습니다.

하지만 부자와 가난한 사람 사이에는 다툼이 벌어지기 시작했습니다. 농사 지을 땅을 더 많이 차지하려고 나라끼리 전쟁도 일어났습니다. 또 농사를 짓는 남자가 세상을 이끌어가게 되자, 여자는 집에서 밥이나 짓는 사람이라며 차별을 받기 시작했습니다.

벽골제-전북 김제

의림지-충북 제천

1. 벼농사를 짓기 시작한 때는 언제부터인가요?

2. 고구려, 백제, 신라 가운데 농사가 가장 발달한 나라는 어디인가요?

요즘 사람은

어린이는 어떤 음식을 좋아할까요?

▶ 옛날 사람은 모두가 스스로 농사를 지었지만, 요즘은 농민만 농사를 짓고, 다른 사람은 돈을 주고 곡식을 사 먹습니다. 만들어서 파는 음식도 많이 사 먹습니다. 그러다보니 안 좋은 재료를 넣어서 맛만 좋게 만들어서 파는 사람도 있습니다. 맛만 좋게 만든 음식이 몸에 어떤 영향을 미치는지 알아봅시다.

안녕초등학교 3학년인 전진이는 일주일 전부터 토요일이 오기만을 기다렸습니다. 가장 친한 친구가 패스트푸드점인 피자집에서 생일잔치를 한다며 초대했기 때문입니다.

전진이는 생일 축하를 해주고 좋아하는 피자를 실컷 먹고 닭튀김과 탄산음료도 먹었습니다. 피자, 닭튀김, 탄산음료는 요즘 아이들이 아주 좋아하는 음식이지만 몸에는 좋지 않습니다.

빠르고, 간단하고, 쉽게 만들 수 있는 패스트푸드와 오래 두어도 상하지 않고, 바로 먹을 수 있는 인스턴트식품을 통틀어 '정크푸드'라고 합니다. '쓰레기음식'이라는 뜻입니다.

정크푸드에는 예쁜 색을 내지만 몸에는 아주 나쁜 물질, 오랫동안 썩거나 상하지 않게 하는 방부제 같은 것이 들어 있습니다. 지방이 많아서 열량은 높지만, 영양분은 거의 없기 때문에 몸을 뚱뚱하게 만들거나 병을 일으키기도 합니다. 피자, 햄버거, 도넛, 닭튀김, 라면, 즉석 수프, 소시지, 햄, 탄산음료, 튀긴 과자 같은 것들은 나쁜 음식들입니다.

요즘 어린이 열 명 가운데 한 명이 비만이라고 합니다. 비만이 되는 가장 큰 이유는 정크푸드를 비롯한 잘못된 음식 때문이라고 합니다.

하지만 얼마 전부터 건강한 먹을거리를 찾는 사람도 많아지고 있습니다. 시간이 걸리더라도 몸에 좋은 음식을 만들어 먹고 있습니다. 어린이 간식도 예전부터 먹었던 찐 옥수수, 찐 감자, 고구마, 떡 등으로 바꾸는 사람이 많아지고 있습니다.

생각하기

1. 왜 몸과 마음에 좋은 음식을 먹어야 할까요?

09

슬픈 사랑을 나눈
호동왕자와 낙랑공주

(호동-18년 무렵~32년, 고구려 왕자
/ 낙랑-태어난 때 모름~32년, 낙랑국 공주)

🔊 역사 연대기

기원전 18년 온조가 백제를 세움
3년 유리왕이 국내성으로 도읍을 옮김
19년 신라 석탈해가 금관가야 해변에 도착함
53년 옥저가 고구려에게 멸망함

🔊 학습목표

1. 호동왕자와 낙랑공주에 대해서 알 수 있다.
2. 고구려 둘레 나라에 대해서 알 수 있다.
3. 우리나라에 세운 나라를 알 수 있다.
4. 북한과 남한이 서로 다르게 쓰는 말을 알 수 있다.

인물 이야기

낙랑공주와 호동왕자

　유리왕을 이어 고구려 세 번째 임금이 된 대무신왕은 영토를 넓혀 튼튼한 나라를 만들고 싶었습니다. 농사 지을 땅이 부족해 식량 걱정이 끊이지 않는 고구려에 비해 낙랑국은 땅이 기름지고 바다를 끼고 있어서 살기 좋은 곳이었습니다. 대무신왕은 낙랑국이 탐났습니다. 하지만 낙랑에는 자명고라는 보물이 있었습니다. 적군이 쳐들어오면 스스로 둥둥둥 울리는 북이었습니다. 고구려가 함부로 쳐들어가지 못하는 것도 다 자명고 때문이었습니다.

　낙랑국 임금인 최리도 갈수록 힘이 강해지는 고구려를 두려워하고 있었습니다. 그래서 고구려와 사이좋게 지내기를 바랐습니다.

　대무신왕 둘째부인이 낳은 호동왕자가 어느 날 사냥에 나섰습니다. 달리는 말위에서 활을 쏘는 사냥은 무예도 익힐 수 있었습니다. 산과 들을 달리며 사냥을 하다가 고구려 국경을 넘어 옥저 땅으로 들어갔습니다. 호동왕자는 서둘러 말머리를 돌려 고구려로 향했습니다.

　되돌아 가는 길에 말을 타고 가는 사람들과 마주쳤습니다. 낙랑국 임금인 최리와 신하였습니다. 최리는 호동왕자가 보통 사람이 아님을 알아보고 말을 걸었습니다.

　"나는 낙랑국 임금이요. 젊은이는 누구시오?"

　"고구려 왕자인 호동입니다. 사냥감을 쫓다 이곳까지 오게 되었습니다."

　씩씩하게 대답했습니다. 고구려와 친해질 기회라고 생각한 최리는 호동왕자를 낙랑국으로 초대했습니다.

　호동왕자를 궁궐에 데리고 가서 잔치를 열어 대접했습니다. 또 공주를 시켜 시중들게 했습니다. 공주를 본 호동왕자는 첫눈에 반했습니다. 공주도 늠름한 호동왕자가 좋았습니다. 즐거운 시간을 보내며 결혼을 약속했습니다.

호동왕자는 결혼을 허락받기 위해 고구려로 돌아갔습니다. 그러자 대무신왕은 낙랑국을 빼앗기 위해,

"낙랑공주가 자명고를 찢어 고구려 편이 된 것을 보여 준다면 결혼을 허락하마."

라고 했습니다.

고민을 하던 호동왕자는 이런 사정을 편지에 적어 공주에게 보냈습니다. 편지를 받아 본 공주는 '어떡하나, 사랑하는 왕자님 말을 들어야 하나? 아니면 나라를 지켜야 하나.' 고민을 하면 할수록 호동왕자를 보고 싶은 마음이 더 커졌습니다. 마침내 결심을 한 공주는 자명고를 칼로 찢어 버렸습니다.

자명고가 찢어졌다는 소식을 들은 대무신왕은 군사를 이끌고 쳐들어갔습니다. 고구려군이 쳐들어와도 울리지 않은 자명고 때문에 낙랑국은 미처 손 쓸 겨를도 없이 지고 말았습니다.

한편 자명고가 울리지 않은 것을 이상하게 여겨 달려온 낙랑국 임금은 찢어진 자명고 옆에서 울고 있는 공주를 보았습니다. 아무리 공주라도 나라를 망하게 했으니 살려 둘 수 없었습니다. 전투가 끝나고 호동왕자가 공주를 찾아갔지만, 이미 싸늘하게 죽어 있었습니다.

1. 낙랑국 임금인 최리는 왜 호동왕자를 데리고 궁궐로 갔나요?

고조선 다음으로 세워진 나라들

　고조선이 한나라 침략을 받아 무너졌으나 고조선 시대부터 발달한 철기는 여러 부족이 나라를 세우는 데 큰 힘이 되었습니다.

　만주와 한반도 북쪽에는 부여, 고구려, 옥저, 동예가, 남쪽으로는 마한, 변한, 진한이 세워졌습니다. 땅을 넓히면 식량이 많아지고, 군사력을 키울 수 있기 때문에 이웃 나라와 끊임없이 전쟁을 치렀습니다. 그 가운데 더 힘이 센 나라가 둘레 나라를 정복해 합치면서 큰 나라로 발전해갔습니다.

　우리 역사 속에서 고조선 다음으로 세워진 나라는 부여입니다. 만주벌판과 송화강 둘레에 기름지고 넓은 땅에서 부여는 농사를 짓고, 가축을 기르며 힘을 키워나갔습니다. 고구려와 백제도 부여에서 힘을 키운 사람이 세운 나라입니다.

　고구려를 세운 주몽과 백제를 세운 온조는 둘레 나라를 차지하며 점차 큰 나라로 발전해 갔습니다. 두 나라는 부여와 비슷한 제도와 풍습이 있었습니다. 부여는 나라를 여러 조각으로 나누어 왕이 직접 다스리는 지역과 높은 관리가 대신 다스리는 사출도를 두었는데, 고구려도 나라를 여러 곳으로 나누어 다스렸습니다.

　윷놀이도 부여에서 시작되었습니다. 사출도를 다스리던 '가'들이 자기 부족이 기르던 짐승을 자랑하면서 윷놀이가 생겼다고 합니다. '마가, 우가, 저가, 구가'라고 부른 부여 관리 이름은 말, 소, 돼지, 개를 뜻하는데, 이것이 윷놀이에서 '도·개·걸·윷·모'로 바뀌었다고 합니다.

　부여는 중국과 친하게 지냈지만, 선비족과는 사이가 좋지 않았습니다. 346년에는 전연으로부터 침략을 받아 왕이 끌려가기도 했고, 494년에는 북쪽 선비족인 모용씨가 부여성을 빼앗아 버렸습니다. 나라를 빼앗긴 부여왕은 고구려로 찾아왔습니다. 고구려 문자명왕이 받아들였고, 부여는 멸망했습니다.

살아가는 인물 열어가는 역사

강원도 북부지방에 있던 동예는 말과 풍습이 고구려와 비슷했습니다. 작은 나라였지만 활과 말이 훌륭했습니다. 동예 사람이 쓰던 단궁은 크기가 작은 활이지만 멀리까지 날아갔습니다. 과하마는 과일나무 밑을 지나갈 정도로 몸집이 작은 말이지만, 튼튼하고 순해서 다루기가 쉬웠습니다.

임금이 없었고 힘이 약해 늘 동해 나라로부터 다스림을 받았습니다. 고을 우두머리인 '삼로'가 다스릴 때는 한나라를 섬겼고, 고구려 태조왕 때부터는 고구려에 조공을 바쳤습니다. 또 나중에는 위나라 장군 관구검이 이끄는 군대가 동예를 공격하자 위나라를 섬기기도 했습니다.

그러나 고구려가 낙랑군을 몰아내자 동예도 고구려에 합쳐졌습니다.

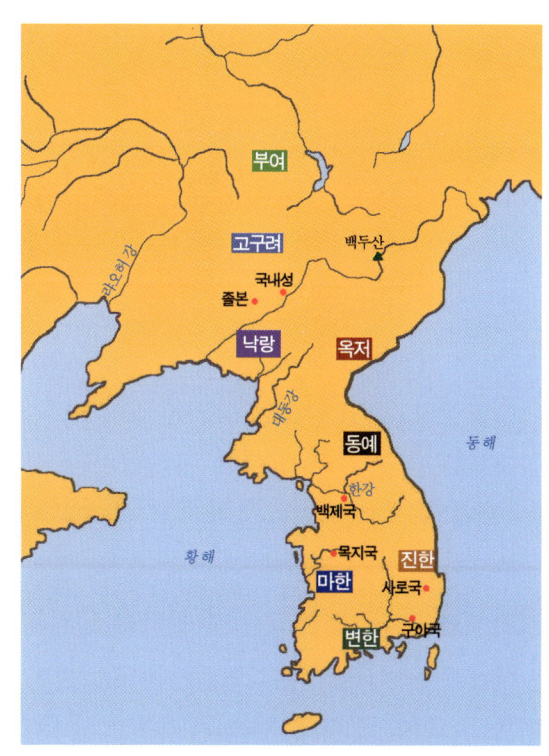

옥저는 함경도 해안 지방에 있었던 나라입니다. 땅이 기름져 농사가 잘 되었고, 해산물도 많고, 소금도 만들었습니다.

임금이 없었던 옥저도 동예처럼 둘레에 있는 힘센 나라가 번갈아 다스렸습니다. 관리를 보내거나 마을 우두머리를 시켜 다스리고 특산물을 조공으로 바치게 했습니다. 옥저가 조공으로 보낸 물건은 삼베, 소금, 해산물 등이었습니다.

고조선과 한나라가 이어서 다스리다가 나중에는 고구려 땅이 되었습니다.

탐구하기 1. 다른 나라에게 지배를 받으면 어떤 어려움이 있을까요?

요즘 사람은

두 나라였다가 한 나라로 합쳐지면…

▶ 여러 나라가 한 나라로 합쳐지면 말이 통하지 않았을 텐데 어떻게 서로 의사소통을 했을까요? 지금 우리나라도 오랫동안 남북이 서로 떨어져 있으니 통일이 되었을 때 어떤 문제가 생길지 생각해 봅니다.

옛날에 우리나라가 여러 개로 갈라져 서로 싸운 것처럼 지금도 남한과 북한으로 갈라져 70년도 넘게 살아왔습니다. 다시 한 나라로 합쳐지면 어떤 어려움이 있을까요?

북한에서 살다가 남한으로 온 길수는 학교에 가기가 싫습니다. 길수가 말을 할 때마다 친구들은 키득키득 웃으며 말투를 따라합니다. 말투가 이상하다며 놀리는 것입니다. 그럴 때마다 길수는 전에 살던 나진으로 돌아가고 싶습니다.

부모님을 따라 두만강을 건널 때 뼈 속까지 시리던 차가운 강물보다 이곳 동무들 놀림이 더 참기가 힘듭니다. 괜히 모서리(왕따를 일컫는 북한말)를 당하는 것 같습니다.

지난 미술 시간에 있었던 일입니다. 준비물을 안 가져온 창우에게 길수가 그림붓을 빌려주었습니다. 수업이 끝나고 붓을 돌려주며 창우가 고맙다고 하자, 길수는 '일 없어.'라고 했습니다. 창우는 "됐네, 이 사람아!" 라고 핀잔을 주는 말인 줄 알고 화를 냈습니다. 길수는 얼른 '그냥 별것 아니야 괜찮아.'라는 뜻이라고 말해 주었습니다. 그리고 서로 다른 남북한 말을 찾아보았습니다.

북한말	남한말	북한말	남한말
모서리	왕따	눈딱총을 놓다	눈총을 주다
얼음 보송이	아이스크림	살을 깐다	살을 빼다
동강옷	투피스	오백 공 사호(504호)	오백사호(504호)
눅다	싸다	구석차기	코너킥

'새우 벼락 맞던 이야기'라는 북한 속담과 '고래 싸움에 새우 등 터진다' 는 남한 속담은 뜻이 비슷해 보입니다. 그러나 남한 속담은 '힘센 사람들 싸움에 휘말려 괜히 힘없는 사람이 다친다'는 뜻이지만, 북한 속담은 '다 잊어버린 지난 일을 다시 들추어내는 쓸데없는 행동'을 말합니다. 서로 다른 남북한 말을 이해하니 길수도 반 동무들도 더 가깝게 느껴졌습니다.

1. 우리말 속담 '누워서 떡 먹기'는 '아주 쉬운 일'을 뜻합니다. 그러면 북한 속담 '누워서 떡을 먹으면 팥고물이 눈에 들어간다.' 는 무슨 뜻일까요?

10

가야를 세운

김수로

(42년~199년, 가야를 세운 임금)

🔊 역사 연대기

기원전 18년 백제가 세워짐
22년 고구려가 부여를 공격함

🔊 학습목표

1. 가야를 세운 과정을 알 수 있다.
2. 허황옥에 대해 알 수 있다.
3. 순장에 대해 알 수 있다.
4. 새로운 장례문화를 생각할 수 있다.

인물 이야기

가야 건국신화 가락국기(駕洛國記)

아주 옛날에는 나라도 없고, 임금이나 신하도 없었습니다. 마을에 모여 살며 사냥도 하고 농사도 지었습니다.

경상남도 김해지방도 마찬가지였습니다. 아도간, 여도간, 피도간, 오도간, 유수간, 유천간, 신천간, 오천간, 신귀간 이라는 아홉 우두머리가 있었으나, 임금이 되지는 않았습니다.

그런데 어느 날, 구지봉이라는 산 위 하늘에서 이상한 소리가 들렸습니다. 아홉 우두머리와 사람 수백 명이 모여들었습니다. 하지만 하늘에는 아무것도 보이지 않았습니다. 이상하게 여기고 있는데 다시 하늘에서,

"여기가 어디냐? 사람이 있느냐?"

소리가 들렸습니다.

"여기는 구지봉이라는 곳입니다."

아홉 우두머리와 사람들이 하늘을 향해 대답했습니다. 그러자 또 하늘에서,

구지봉—경남 김해

"하늘이 나에게 여기에서 임금이 되어 나라를 세우라고 하셨다. 그러니 너희는 손으로 땅을 파면서 '거북아, 거북아! 머리를 내 놓아라. 내놓지 않으면 구워 먹으리라.'라고 노래하고 춤추어라. 그러면 어질고 지혜로운 임금을 얻게 될 것이다."

말이 들려왔습니다. 아홉 우두머리와 사람들은,

"거북아, 거북아! 머리를 내놓아라. 내놓지 않으면 구워먹으리라."

노래를 부르면서 임금을 맞이하는 춤을 추었습니다.

그러자 하늘에서 빨간색 줄에 매달린 빨간 보자기가 내려왔습니다. 보자기 안에는 황금 상자가 들어 있었습니다. 그 상자 안에는 황금으로 된 알이 여섯 개 들어있었습니다.

말투구—국립중앙박물관

철갑옷—국립중앙박물관

다음 날이 되자 알을 깨고 사내아이가 차례로 나왔습니다.

"하늘이 우리에게 임금을 내려준 것이 틀림없어."

아홉 우두머리와 사람들은 사내아이 여섯 명을 평상 위에 앉히고 절을 했습니다. 그리고 그 달 보름날에 모두 임금으로 받들어 올렸습니다.

처음 알을 깨고 나온 사내아이를 수로라고 불렀습니다. 수로는 금관가야를 세우고 임금이 되었습니다. 황금으로 된 상자와 알에서 나왔다고 해서 여섯 임금은 성을 김(金)씨로 정했습니다. 수로를 뺀 나머지 형제도 각각 대가야, 아라가야 같은 나라를 세우고 임금이 되었습니다.

가야가 세워지고 7년째 되는 해에 수로왕은 왕후를 맞이했습니다. 왕후는 인도 아유타국 공주였는데, 돌배를 타고 왔습니다. 이름은 허황옥이고, 나이는 열여섯 살이었습니다.

허왕후와 김수로왕은 왕자 열 명을 낳았습니다. 그 가운데서 첫 번째 아들은 아버지를 이어서 임금이 되었습니다. 또 아들 두 명은 어머니 성을 따랐는데, 아버지 성을 따른 아들은 김해 김씨가 되었고, 어머니 성을 따른 아들은 김해 허씨가 되었습니다.

김수로왕과 형제가 세운 가야는 동쪽으로 황산강, 서남쪽으로 창해, 서북쪽으로 지리산, 동북쪽으로는 가야산까지 차지한 나라가 되었습니다.

가야는 여섯 개로 된 나라지만, 쇠를 잘 다루어 강한 무기로 무장한 힘센 군대가 있었기 때문에 둘레에 있는 큰 나라도 감히 쳐들어오지 못했습니다. 가야는 한 나라처럼 서로 돕고 힘을 합치면서 5백 년 동안 낙동강 둘레 지역에 든든히 자리를 잡고 발전했습니다.

1. 사람들이 가야를 세운 임금을 맞이한 곳은 어디인가요?

그때 사람은

저 세상에 가서도 잘 살고 싶어서 순장을 했다

　대가야에 임금님이 돌아가셨습니다. 동네에서 농사일을 가장 잘하는 동이네 아버지가 농사짓는 사람으로 뽑혔습니다. 저 세상에 농사를 지으러 가게 되었습니다. 이번에 죽은 임금님이 저 세상에 가서 세울 나라에 농사꾼이 되는 것입니다. 그래서 동이 아버지는 임금님 무덤에 같이 묻히게 될 것입니다.

　왕비는 물론이고, 신하도 두 명, 노비도 열 명이 넘게 뽑혔습니다. 군대를 많이 만들고 전쟁으로 영토를 넓힌 임금이라서 군사도 20명 넘게 뽑혀서 임금님 무덤에 같이 묻히게 되었습니다. 집보다 몇 배나 큰 무덤을 만들어 가운데에는 임금님과 부인들을 같이 묻고, 옆에는 신하들을 묻습니다. 무덤 가장자리를 빙 둘러서 하인과 군사들을 묻습니다.

　이렇게 임금님이나 지위가 높은 사람을 따라서 같이 묻히는 것을 순장이라고 합니다. 보통 다른 임금님은 서너 명에서 많아야 열 명 정도 순장을 했습니다. 그런데 이번에 죽은 임금님이 나라도 튼튼하게 만들었고, 이어서 왕위에 오른 아들이 효성이 지극해 다른 임금님보다 많은 사람을 순장하기로 했습니다. 그리고 죽은 임금님은 물론이고 같이 묻힌 순장자가 저 세상에 가서 쓸 물건도 같이 묻을 것입니다.

　"아버지 없으면 우리 어떻게 살아요?"

　동이가 볼멘소리를 했지만, 임금님이나 부족 우두머리랑 같이 순장된 집은 나라에서 두고두고 잘 보살펴 준다는 것을 어머니 아버지나 다른 어른들한테 들어서 잘 알고 있습니다. 순장도 전쟁에 나가는 것이나 비슷하다고 여기게 되었습니다.

살아가는 인물 열어가는 역사

　임금님이 죽은 한 달 뒤, 산 능선을 따라 다른 임금님이 묻힌 무덤들 아래쪽에 이어서 임금님이 묻힐 자리와 순장자가 묻힐 자리에 무덤방이 만들어졌습니다. 임금님 방은 가운데 자리 잡았고, 왼쪽에 왕비가, 오른쪽에는 신하들이, 발 아래쪽에 노비와 농사꾼이 묻히게 되었습니다. 나머지를 빙 둘러서 임금님을 지킬 군사를 묻을 것입니다.

　"동생들 잘 보살피고, 어머니 잘 모셔라. 나중에 저 세상에서 다시 만나자."

　아버지는 이렇게 동이 손을 잡고 당부한 다음, 뒷마을 털보아저씨랑 같이 한 방에 누웠습니다. 노비도 두 명이나 세 명씩 한 방에 들어갔습니다.

　순장자가 모두 들어가자 장례식을 이끄는 사람이 방을 돌면서 고통 없이 죽을 수 있도록 잠드는 약을 먹여주었습니다. 순장자가 모두 잠들자 죽은 임금님을 모셔왔습니다. 그리고는 임금님이 저 세상에서도 튼튼하고 풍요한 나라를 만들 수 있게 해 달라고 제사를 지낸 다음, 무덤을 흙으로 덮었습니다. 모든 순장자도 죽은 임금님을 따라 땅에 묻혔습니다. 어떤 노비는 하늘을 향해서 누운 다음 자기 딸을 자기 가슴에 눕게 하고 안은 채로 묻히기도 했습니다. 그 노비는 혼자서 묻히려고 했는데 딸이 아버지를 따라 가겠다고 해서 같이 묻힌 것이라고 합니다. 어떤 군사는 묻히지 않으려고 했지만, 다른 사람들이 달래서 결국 묻기도 했습니다.

　동이도 다른 순장자 가족처럼 아버지랑 헤어지는 것이 슬프기는 했지만, 나중에 하늘나라에 가서 다시 아버지와 만날 날이 얼른 왔으면 좋겠다고 생각했습니다.

1. 순장을 하는 까닭은 무엇인가요?

67

요즘 사람은

수목장

▶ 옛날처럼 무덤을 크게 만들었다가는 온 나라가 무덤 천지가 되어 버릴 것입니다. 어떻게 하면 자연을 해치지 않고 무덤을 만들 수 있을지 생각해 봅시다.

우리나라는 사람이 죽으면 땅에다 묻었습니다. 매장이라고 합니다.

왕이나 귀족이 죽으면 커다란 무덤을 만들고는 저 세상에 가서 쓸 물건과 같이 살 사람을 넣기도 했습니다. 무덤이 클수록 묻힌 사람이 대단하다고 여겼습니다.

지금도 사람이 죽으면 땅에다 묻습니다. 그런데 인구가 많으니 죽는 사람도 많아져서 묻을 땅이 점점 없어졌습니다. 산은 물론이고 농사 지을 땅에다 사람을 묻어야 하는 일까지 생기고 말았습니다. 그리고 해마다 풀을 베어야 하고, 무덤이 무너지지 않도록 살펴보기도 해야 합니다.

매장이 불편하고 땅도 좁아지자, 시신을 태우는 화장을 한 다음, 뼈를 가루로 만들어 산이나 강에 뿌리거나 항아리에 담아 납골당에 모시게 되었습니다. 뼛가루를 강에 뿌리면 물이 더러워집니다. 산에 뿌리면 땅을 더럽힙니다. 납골당도 점점 크고 화려하게 만들기 위해 산을 깎아내고 나무를 베어 냈습니다. 매장이나 다를 바 없이 자연을 해치게 되었습니다.

매장과 화장에서 불편한 점을 고쳐 보려고 나온 무덤이 바로 수목장입니다. 죽은 사람을 태운 다음, 뼛가루를 숲에 있는 나무 밑에 묻는 것입니다. 외국에서는 집옆 정원에 꽃을 심고 묻기도 합니다.

수목장은 죽은 사람을 묻은 다음, 비석을 세우지도 않고 둥그런 봉분을 만들지도 않습니다. 대신 그 위에 나무를 심습니다. 원래 자라고 있던 나무 밑에다 묻기도 합니다. 뼛가루를 뿌려 버리면 흔적도 없이 사라지지만, 수목장은 나무를 보면 죽은 사람이 어디에 묻혀 있는지 알 수 있으니 무덤처럼 찾아가기가 쉽습니다. 또 비석이나 무덤을 만들지 않으니 자연을 해치지도 않습니다. 아무도 죽은 이를 찾아와 주지 않더라도 수목장을 하면 나무에 앉은 새나 산 짐승이 찾아 와 줄 테니 외롭지 않을 것입니다.

1. 수목장을 하면 어떤 좋은 점이 있을까요?

11

소금장수

미천왕

(태어난 때 모름~331년, 고구려 15대 임금)

🔊 역사 연대기

300년 미천왕이 고구려 15대 임금이 됨
302년 미천왕이 만주지방에 있는 현도군을 공격함
311년~315년 미천왕이 서안평, 낙랑군, 현도성을 공격함

🔊 학습목표

1. 고구려 시대 왕위 다툼에 대해서 알 수 있다.
2. 고구려 시대에 천한 신분에 대해 알 수 있다.
3. 소금에 대해서 알 수 있다.
4. 석유에 대해서 알 수 있다.

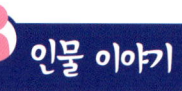

소금 장사를 한 을불

고구려 미천왕 이름은 '을불'입니다.

할아버지인 서천왕이 죽고, 큰아버지인 봉상왕이 고구려 14대 임금이 되었습니다. 봉상왕은 의심이 많았고, 작은 아버지가 백성으로부터 존경을 받자 못마땅하게 여겨서 죽였습니다. 봉상왕은 을불 아버지도 임금 자리를 탐낸다고 해서 죽였습니다. 을불은 자기도 죽게 될까봐 멀리 도망쳤습니다.

겨우 목숨을 건지기는 했으나, 갈 곳이 없어서 거지처럼 지내다가 '음모'라는 사람 집에서 머슴살이를 했습니다. 음모는 구두쇠에다가 성격도 괴팍해 을불을 괴롭혔습니다. 잠도 제대로 자지 못하고, 쉴 새 없이 일했습니다.

더 이상 견디지 못하고 뛰쳐나왔습니다. 이리저리 떠돌다가 소금 장수인 '재모'라는 사람을 만나 같이 소금 장사를 시작했습니다. 을불과 재모는 압록강에서 소금을 사서 여러 마을을 다니며 팔았습니다.

그러던 어느 날, 압록강 가에 있는 마을에 갔다가 어떤 할머니 집에서 잠을 자게 되었습니다. 그 할머니는 잠을 재워주는 대신 소금을 달라고 했습니다. 그래서 한 말이나 주었습니다. 욕심을 부려 더 달라고 했습니다. 더 주지 않자 심술이 난 할머니는 짐 속에 자기 신발을 몰래 넣었습니다. 이 사실을 모른 채 길을 떠난 을불은 도둑으로 몰렸습니다. 관가에 끌려가 소금도 다 빼앗기고, 매를 맞았습니다. 몹시 억울했지만, 신분이 드러나면 더 큰 위험이 닥칠까봐 아무 말도 못했습니다.

을불이 이렇게 힘들게 살아가고 있을 때 포악한 봉상왕 때문에 고구려 백성도 많은 고생을 하고 있었습니다.

살아가는 인물 열어가는 역사

 이대로 두었다가는 나라가 어지러워지겠다고 여긴 창조리라는 신하가 봉상왕에게 백성을 잘 보살펴 달라고 부탁했으나 봉상왕은 도리어 화를 냈습니다. 실망한 창조리는 새로운 임금을 모셔야겠다고 생각해 조불과 소우를 보내 을불을 찾았습니다.

 그러나 신분을 감춘 을불을 찾는 것은 쉬운 일이 아니었습니다. 몇달을 찾아다니다가 '비류하'라는 강가에서 한 청년을 만났습니다. 몹시 야위고 초라한 모습이었지만, 몸가짐이 보통사람과는 달랐습니다. 조불과 소우는 다가가 절을 했습니다.

 "지금 국왕이 나라를 잘못 다스려서 여러 신하가 임금을 몰아내고 왕손을 새 임금으로 모시려고 합니다."

 을불은 깜짝 놀랐으나 침착하게,

 "나는 미천한 사람이지 왕손이 아닙니다. 잘못 찾아오셨습니다."

라고 했습니다. 그 말을 들은 조불과 소우가 말했습니다.

 "여러 신하가 왕손을 간절히 바라고 있으니 저희를 믿으십시오."

 을불은 자신을 해치러 온 사람이 아닌 것을 알고 따라갔습니다.

 봉상왕이 사냥을 나간 날, 여러 신하가 힘을 합쳐 봉상왕을 몰아내고 을불을 임금으로 받들었습니다.

 미천왕이 된 을불은 머슴살이와 소금장수를 하며 평민보다 더 천한 신분으로 살았기 때문에 백성을 잘 알았습니다. 그래서 사치스러운 생활도 하지 않았습니다. 나라를 넓히는 일에 온 힘을 기울여 고조선을 멸망시킨 한나라가 설치한 '낙랑군'과 '대방군'을 몰아내고 고구려 땅으로 만들었습니다. 요동 땅을 차지하고 요서지방에 있는 선비족과 남쪽에 백제와 맞서 싸우기도 했습니다.

탐구하기

1. 아버지가 죽자 을불이 도망친 까닭은 무엇인가요?

2. 을불이 왕위에 오른 뒤에도 사치스러운 생활을 하지 않은 까닭은 무엇인가요?

그때 사람은

옛날에도 소금이 풍부했을까요?

옛날부터 소금은 작은 금이라고 부를 정도로 꼭 필요하고 귀한 것이었습니다.

소금은 음식이 상하는 것을 막아주고 맛을 살려주며 몸에 영양 균형을 잡아주는 역할을 합니다. 그래서 누구에게나 소금은 꼭 필요했습니다. 하지만 소금은 만들기가 아주 어려웠습니다. 생산되는 양이 아주 적었기 때문에 쉽게 사 먹을 수도 없었습니다.

우리나라 사람이 언제부터 소금을 먹기 시작했는지는 정확하게 알 수 없지만, 고구려 때 노예가 생선과 소금을 귀족에게 바쳤다고 합니다. 우리나라에서 생산한 것도 있지만 고구려는 중국과 국경이 맞닿아 있었기 때문에 중국으로부터 소금을 사 오기도 했습니다. 소금은 귀해서 값도 아주 비쌌습니다.

고려는 태조 임금 때부터 '도염원'을 설치해 소금을 사고 파는 것을 나라에서 직접 관리했습니다. 그러나 지나친 간섭 때문에 소금 만드는 기술이 발전할 수 없었습니다. 조선 시대 초기에는 어느 정도 기술이 발달했으나, 말기에는 고려 시대와 마찬가지로 쇠퇴해 버렸습니다.

제주도는 사면이 바다로 둘러싸여 있는데도 소금을 만드는 염전이 없어서 더욱 소금이 귀했습니다. 그래서 김장을 하려면 배추를 바닷물에 하룻밤 담가두었다가 김치를 담갔다고 합니다.

제주도에서 사용되는 소금은 대부분 육지에서 사왔기 때문에 예로부터 '소금 독이 가득하면 부잣집'이라는 말이 있습니다.

염전은 소금을 만드는 밭입니다. 바닷물을 햇볕과 바람으로 증발시켜 얻는 소금을 천일염이라고 합니다. 천일염을 만들려면 날씨, 바닷물에 녹아있는 소금 농도, 염전이 자리잡은 곳 등이 알

맞아야 합니다. 흙은 찰흙과 고운 모래가 섞인 흙이 가장 좋습니다. 땅 모양은 평평하고 강과 가깝지 않아야 하며, 바람이 잘 통하는 곳이 좋습니다. 날씨는 비가 적게 오고 건조하며, 증발이 잘되는 곳이 가장 좋습니다. 이런 조건에 꼭 들어맞지 않는다 하더라도 비가 많이 오고 적게 오는 계절이 뚜렷하다면 소금을 생산할 수 있습니다.

우리나라는 증발량도 적고 비도 자주 와서 소금을 만들기가 어렵습니다. 그러나 서해안은 밀물과 썰물 차이가 크고 증발량이 많으며, 갯벌이 넓어 큰 염전이 많습니다. 경기도, 충청남도, 전라남도, 전라북도에 많은데 전라남도 신안군에 가장 많습니다.

소금은 바닷물에만 녹아 있는 것이 아니라 세계 여러 곳에 있는데, 2/3 정도가 돌에서 나오는 '암염'이며 1/3 정도는 바닷물에서 얻습니다.

소금은 인간이 먹는 유일한 '암석'입니다. 소금이 얼마나 중요한지 잘 안 옛날 사람들은 소금을 구하려고 무척 노력했습니다. 그러나 소금을 얻는 것은 아주 어려웠기 때문에 소금이 많은 사람은 큰 돈과 권력을 가질 수 있었습니다.

로마시대 때는 병사 월급을 소금으로 주었는데 봉급을 받는 사람이라는 뜻인 '샐러리맨'은 소금(샐러리)에서 나온 말입니다.

탐구하기

1. 소금은 어떤 역할을 하나요?

2. 소금은 어디에서 얻을 수 있나요?

요즘 사람은

검은 진주, 석유

▶ 을불이 소금 장수를 하던 시대에는 소금이 무척 귀하던 때입니다. 옛날 사람이 소중하게 생각했던 소금처럼 요즘 사람이 소중하게 생각하는 석유에 대해 알아봅시다.

옛날 사람에게 없어서는 안 될 것이 소금이었다면 요즘에 가장 중요한 것은 석유라고 할 수 있습니다. 석유가 없다면 아무것도 할 수 없다고 해도 지나친 말이 아닙니다.

석유는 '돌에서 얻은 기름'이란 뜻입니다. 석유는 땅속에서 뽑아 올립니다. 메소포타미아, 터키 등에서는 오래전부터 사용했는데, 땅 위로 흘러나온 석유를 무기에 녹이 슬지 않도록 바르거나 설사를 멈추는 약으로 썼습니다. 또 페르시아 군대가 아테네를 공격할 때 석유를 화살촉에 발라 불화살을 만들었다고 합니다.

중동지역
아시아 남서부와 아프리카 북동부 지역을 말한다.

제1차 세계대전을 겪으면서 석유가 없으면 안 되는 세상이 되었습니다. 요즘에 많이 쓰고 있는 플라스틱, 비닐, 합성섬유 등은 석유로 만든 것입니다.

지금 석유가 가장 많이 묻혀 있는 곳은 사우디아라비아를 포함한 중동지역입니다. 사막으로 뒤덮인 중동지역은 석유를 팔아서 부자 나라가 되었고, 석유를 서로 차지하려고 전쟁도 자주 일어납니다.

석유는 우리가 쓰고도 남을 만큼 충분하지 않습니다. 석유는 앞으로 몇 십년 후가 되면 거의 없어진다고 합니다. 처음에는 땅속에 압력이 아주 크기 때문에 구멍만 뚫으면 저절로 솟구쳐 올라옵니다. 그러나 시간이 흐를수록 양이 점점 줄어들게 됩니다. 그러면 뜨거운 물이나 이산화탄소, 메탄가스 등을 집어 넣어서 석유를 밀어 올려야 하기 때문에 많은 돈이 들어갑니다.

석유는 앞으로 퍼낼 수 있는 양이 점점 줄어들어 지금보다 훨씬 더 비싸지게 될 것입니다.

생각하기

1. 석유 대신 쓸 수 있는 자원에는 무엇이 있을까요?

12

백제 최대 전성기를 이룬

근초고왕

(태어난 때 모름~375년, 백제 13대 임금)

🔊 역사 연대기

346년 근초고왕이 왕위에 오름
369년 고구려 고국원왕이 치양성을 공격함
371년 근초고왕이 고구려 평양성을 공격함
372년 근초고왕이 왜에 칠지도를 줌
375년 고흥이 백제 역사서인 《서기》를 편찬함

🔊 학습목표

1. 근초고왕에 대해 알 수 있다.
2. 조공에 대해서 알 수 있다.
3. 나라 대표들끼리 주고받는 선물을 알 수 있다.

넓은 세계를 꿈꾼 근초고왕

근초고왕은 백제를 힘센 나라로 만들고 싶었습니다. 그래서 임금이 되자 왕권을 강하게 만들고, 군사력도 키웠습니다.

중국 산둥반도와 발해연안에서 한반도를 거쳐 왜로 이어지는 바닷길을 차지하고 싶었습니다. 바다를 통한 무역길은 낙랑이 차지하고 있었는데, 이미 낙랑이 무너져 버렸고, 중국도 여러 나라로 흩어져 있었기 때문에 마침 좋은 때라고 여겼습니다. 그래서 신라와 친하게 지내려고 말 두 필을 보내기도 했습니다.

그런데 고구려가 군사 2만 명을 이끌고 치양을 공격했습니다. 치양은 서해로 나가는 중요한 길목이었기 때문에 빼앗기면 바닷길을 차지하기 어려웠습니다. 백제는 고구려에 맞서 싸워 5천 명을 포로로 잡았습니다.

고구려가 다시 백제로 쳐들어왔습니다. 근초고왕은 고구려군을 물리치는 데 그치지 않고, 태자인 수를 보내 고구려를 공격했습니다. 백제군이 평양성까지 쳐들어가자, 다급해진 고구려 고국원왕은 앞에 나서서 전투를 이끌었습니다.

백제군은 공격을 멈추지 않고 화살을 쏘아댔습니다. 결국 고국원왕이 화살에 맞아 죽고 말았습니다. 고구려군은 후퇴하기 시작했습니다.

백제군을 이끈 태자가 뒤쫓아 가려고 했으나, 장군인 막고해가,

"옛날 사람 말씀에 만족할 줄 알면 욕되지 않고, 멈출 줄 알면 위태롭지 않다고 했습니다. 고구려는 이미 임금을 잃었으므로 더 이상 백제를 넘보지 않을 것입니다."

공격을 멈추라고 권했습니다.

살아가는 인물 열어가는 역사

고구려에 승리한 백제는 밀고 들어가 발해만까지 차지했습니다. 중국 요서지방과 산둥반도까지 영토를 넓혔습니다.

백제가 중국과 왜를 연결하는 중간에서 바닷길을 손아귀에 쥐고 있었기 때문에 배를 타고 다니는 왜와 중국 사람은 백제로부터 많은 도움을 받았습니다. 이렇게 백제는 두 나라를 연결하는 무역으로 많은 이익을 얻었습니다.

근초고왕은 땅을 넓히는 것 뿐만 아니라 문화를 발전시키는 데에도 힘썼습니다. 중국에 있는 동진에서 새로운 문화를 받아들여 원래 있던 문화와 결합해 더욱 화려하고 수준 높은 문화를 꽃피웠습니다.

또 아직기와 왕인을 왜에 보내 문화를 전해주기도 했습니다. 아직기와 왕인은 문화가 뒤떨어져 있던 왜를 발전시키는 데에 많은 도움을 주었습니다.

고흥에게는 백제 역사책인 《서기》를 쓰게 했습니다.

근초고왕은 강력한 국가를 세웠고, 중국과 왜를 연결하는 중심지로 키웠습니다. 둘레 나라가 모두 백제를 받들었습니다.

이때가 백제 역사에서 가장 힘세고 발전된 때였습니다.

탐구하기

1. 왕위에 오른 근초고왕은 가장 먼저 무엇을 했나요?

2. 근초고왕이 고흥에게 시킨 일은 무엇인가요?

그때 사람은
백제 임금이 선물한 칠지도

　옛날에는 조공무역을 했습니다. 조공무역이란 힘이 센 나라가 둘레에 있는 약한 나라에 공물을 받고 선물을 보내는 물물교역을 말합니다. 동아시아에서 가장 힘이 센 중국이 둘레 나라에 했던 무역정책입니다.

　힘이 약한 나라가 자기 나라에서 나는 물건을 바치면 중국도 물건을 내려 줍니다. 물건과 물건을 서로 바꾸는 '물물교환'으로 '관무역'이나 '공무역' 이라고도 합니다.

　우리나라에서도 삼국시대부터 '조공무역'을 했습니다. 중국이 강요한 것이라기보다 서로 주고받는 물물교환을 통해 발전된 문화를 받아들이기 위한 것이었습니다.

　백제 땅에서 양 모양으로 된 청자가 발견되었는데, 중국 양쯔강에서 발견된 것과 똑같습니다. 백제 임금이 동진에서 들여와 마한 우두머리에게 내려준 것입니다.

　근초고왕 때 백제는 가장 크게 힘을 떨쳤습니다. 백제에서 왜까지 가는 무역길을 독차지하고 중국에서 들여온 문화와 백제 문화를 왜에 전해주었습니다.

　왜는 발전된 문화를 계속 받아들이기 위해 백제에 잘 보여야 했습니다. 그래서 근초고왕에게 '원할 때면 언제든지 돕겠다'했고, 백제는 마한을 정복할 때 군대를 보내라고 했습니다.

　369년, 근초고왕은 왜 임금에게 '칠지도'를 내려주었습니다. 마한을 정복할 때 군대를 보내 도와준 것에 대한 고마움을 나타낸 것입니다.

칠지도는 가지가 양쪽으로 세 개씩 달려 있어서 날이 모두 일곱 개인 칼입니다. 칠지도를 왜에 전해주었다는 것은 일본 역사책에 적혀 있습니다. 일본에 있는 이소노카미 신궁에는 금으로 글자가 새겨져 있는 칠지도가 전해오고 있습니다.

쇠를 두드려서 양쪽으로 날을 세웠으며, 몸통 앞뒤에는 글자 60여 개가 새겨져 있습니다. 칼에는, '태화 4년 9월 16일 병오 정양일에 백련강철로 칠지도를 만들었다. 이 칼은 많은 적병을 물리칠 수 있는 것이므로 제후국 왕들에게 나누어줌이 마땅하다. ○○○가 제작함.'이라 되어있고, 뒷면에는 '옛날에는 이런 칼이 없었는데, 백제 임금이 나라를 잘 다스려 힘도 강해지고 둘레 나라와 사이도 좋아져서 왜왕에게 주기 위해 만든 것이니 길이길이 전하라'고 써놓았습니다.

백제 임금이 왜 임금에게 칠지도를 내려 준 것은 왜를 자기편으로 끌어들이기 위한 것입니다. 백제 임금은 동진에서 들여 온 청자와 자루 달린 솥인 '초두'같은 것을 지방 세력에게 보내주기도 했습니다.

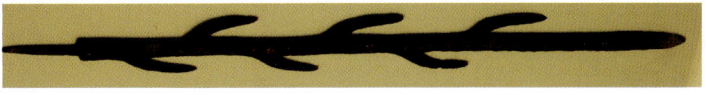

칠지도

초두-국립중앙박물관

탐구하기

1. 조공무역이란 무엇인가요?

2. 근초고왕이 왜 임금에게 칠지도를 선물로 준 까닭은 무엇인가요?

 요즘 사람은

대통령은 나라를 대표해서 선물을 주고 받아요

▶ 백제 임금이 왜 임금에게 칠지도를 준 것처럼 요즘에도 나라 대표끼리 선물을 주고받는 것에 대하여 알아 봅시다.

옛날에는 임금이 나라를 대표했지만, 지금 우리나라를 대표하는 사람은 대통령입니다.

대통령은 나라를 다스리고 다른 나라를 방문해 우리나라가 이익을 얻을 수 있도록 여러 가지 노력을 합니다.

우리나라는 자원이 부족하지만, 기술이 좋기 때문에 다른 나라와 서로 오고가며 기술을 가르쳐주고 자원을 얻습니다.

대통령이 다른 나라를 방문할 때도 있지만, 우리나라에 다른 나라 대통령이 찾아오기도 합니다. 우리나라를 찾아오는 대통령은 선물을 가져옵니다.

1983년 1월 1일부터 〈공직자윤리법〉에 따라 외국정부로부터 받은 대통령 선물은 반드시 신고해야 합니다. 그리고 〈대통령기록물 관리에 관한 법률〉에 따라 대통령기록관으로 옮겨서 관리하게 됩니다. 2008년 6월 현재 보관하고 있는 선물은 모두 2,367가지입니다.

우리나라 대통령이 다른 나라에서 받은 선물은 종류가 아주 많습니다. 인형, 조각품, 장신구, 전통의상, 술병, 장식용 그릇 등이 있습니다. 이 가운데 인도네시아 아미엔 라이스 국민협의회 의장은 2000년 한국을 방문한 기념으로 김대중 대통령에게 인도네시아 전통 칼을 선물했습니다. 이 칼은 구부러진 모양이고 양쪽으로 날이 있습니다. 자루에는 문양이 새겨져 있고, 보석장식도 있습니다. 칼집 윗부분은 나무로 장식했고, 아랫부분은 꽃문양이 있는 금속으로 되어있습니다. 칼집 뒷면에는 글이 새겨져 있습니다.

또한 예멘에서 온 알리압둘라 살레 대통령은 우리나라를 처음 방문한 기념으로 노무현 대통령에게 은으로 만든 장식용 장검을 선물했습니다.

 생각하기

1. 다른 나라를 방문할 때 대통령이 선물을 하는 까닭은 무엇일까요?

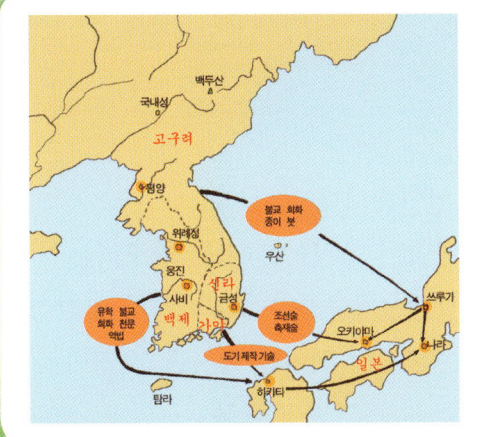

13

왜나라 태자 스승이었던
아직기와 왕인
(나고 죽은 때 모름, 백제 시대 학자)

🔊 역사 연대기
392년 고구려 광개토대왕이 백제 관미성을 공격함
397년 백제가 일본과 화친함
405년 왕인 박사가 일본에 한문을 전함
409년 백제가 일본에 사신을 보냄

🔊 학습목표
1. 왕인과 아직기에 대해 알 수 있다.
2. 일본에 우리나라가 전해준 문물을 알 수 있다.
3. 백제와 관련된 일본 축제를 알 수 있다.

왜에 부는 백제 바람

근초고왕이 나라를 다스리던 때 백제에는 '박사'라는 제도가 있었습니다.

실력이 뛰어난 사람을 박사라고 했는데, 하늘을 관찰해 해와 달이 움직이는 것을 연구하는 역박사, 의학을 연구하는 의박사, 기와 기술자인 와박사, 탑을 만드는 기술자인 노반박사가 있었습니다. 그리고 ≪주역≫, ≪시경≫, ≪서경≫, ≪예기≫, ≪춘추≫ 등에 뛰어난 학자를 '오경박사'라고 했습니다.

백제가 국력이 강해지고, 중국, 왜와 활발히 교류하면서 발전한 백제 문화를 왜에 전해 주는 일이 많아졌습니다. 근초고왕이 말 두 필을 선물로 보냈는데, 아직기는 말 타는 법을 알려주었습니다. 학문도 높은 아직기에게 왜 임금이 태자를 가르쳐 달라고 했습니다. 왜 임금은 말 타는 기술 밖에 없는 줄 알았던 아직기가 학문도 높은 것을 신기하게 여겨,

"백제에는 당신 말고도 학문에 뛰어난 사람이 있소?"

물었습니다. 아직기는,

"오경박사인 왕인이라는 분이 있습니다."

라고 대답했습니다.

그러자 왜 임금은 백제로 사신을 보냈습니다.

근구수왕에게,

"왕인 박사를 우리나라로 보내주십시오. 우리는 아직 배워야 할 것이 많아 왕인 박사 같은 훌륭한 분이 필요합니다."

간절하게 부탁했습니다.

그래서 왕인은 《논어》 열 권, 《천자문》 한 권을 가지고 왜로 건너갔습니다. 이 때 와박사, 노반 박사 뿐 아니라 도자기, 금속 기술자 등 많은 사람이 함께 갔습니다.

왕인은 태자를 가르쳤습니다. 신하에게도 학문을 전해주었습니다. 왕인 덕분에 중국 학문과 유교가 전해졌으며, 문화도 많은 발전을 하게 되었습니다.

왕인은 백제로 돌아오지 않고, 많은 도움을 주었습니다. 이렇게 왕인과 아직기로부터 문화를 받아들인 왜는 정치와 경제와 문화와 예술을 발전시켰습니다. 지금 일본 사람이 큰 자랑으로 여기는 아스카 문화는 왕인과 아직기가 전해준 백제 문화를 바탕으로 이루어진 것입니다. 일본에서는 왕인을 기리는 묘와 비석, 신사까지 세워 놓고 아직도 추모제를 지내고 있습니다.

일본 우에노공원에 있는 왕인 비석

1. 아직기는 왜에 가서 무엇을 가르쳤나요?

2. 왕인이 왜로 갈 때 가져간 것은 무엇인가요?

 그때 사람은

왜에 문화를 전해준 고구려, 백제, 신라

왜는 섬나라였기 때문에 가까운 육지인 우리나라로부터 많은 영향을 받았습니다. 백제뿐 아니라, 고구려, 신라로부터 많은 문화를 받아 들였습니다.

남아 있는 유물이나 유적을 보면 잘 알 수 있는데, 가장 대표할만한 것이 '목조미륵보살 반가사유상'입니다.

낱말알기
- 장인 : 손으로 물건을 만드는 일을 직업으로 하는 사람
- 서거 : 죽어서 세상을 떠남

'목조미륵보살 반가사유상'은 일본 교토 고류사에 있는 일본 국보 1호입니다. '동양의 모나리자'라고 할 정도로 멋진 불상입니다. 그런데 신기하게도 우리나라에 있는 '금동미륵보살 반가사유상'과 쌍둥이처럼 닮았습니다. 고류사는 603년에 신라에서 건너 간 진하승이 세운 절입니다. 진하승은 쇼토쿠 태자와 아주 친한 사이였습니다. 쇼토쿠 태자가 마흔여덟 살에 갑자기 죽자, 진하승은 신라 장인에게 쇼토쿠 태자를 기리는 미륵보살상을 만들어 달라고 했습니다. 하지만 청동으로 만들기에는 시간이 부족했습니다. 그래서 우리나라에서 자라는 붉은 소나무인 적송으로 미륵보살상을 깎아, 금을 입혔습니다. 그 불상이 바로 '목조미륵보살 반가사유상'입니다. ≪일본서기≫에는 '봄에 서거한 태자를 기리는 금부처가 623년 7월에 도착했다'고 기록되어 있습니다.

금동 미륵보살 반가사유상(신라)　　　　목조미륵 반가사유상(일본)

살아가는 인물 열어가는 역사

또한 나라지방에 있는 후지노기 고분에서 많은 유물이 나왔습니다. 금동신발·장신구·쇠칼 등을 보면 왜가 고구려, 백제, 신라에서 많은 문화와 기술을 받아 들였음을 알 수 있습니다. 그 가운데 청동거울과 금동신발은 공주에 있는 백제 무령왕릉에서 나온 것과 비슷합니다.

그리고 다카마스 고분벽화에 있는 여자 옷도 마찬가지입니다. 평양 수산리 고구려 고분벽화에 있는 귀부인 그림과 꼭 닮았습니다. 밝은 색깔, 겹쳐지는 저고리와 색동 주름치마는 한눈에 보기에도 닮았습니다.

머리카락을 자세히 그린 것과 사람을 한 명씩 따로 그리지 않고, 서로 겹쳐지게 그린 것은 고구려벽화와 같은 방법입니다. 고구려벽화는 중국벽화와 많이 닮아 있고, 일본벽화는 고구려벽화와 닮은 것으로 보아, 오래전 세 나라는 문화를 교류하며 많은 영향을 주고받았다는 것을 알 수 있습니다.

고구려 수산리 고분 벽화

일본 나라에 있는 다카마스

중국 당나라때 고분 벽화

1. 왜가 우리나라에서 많은 문물을 받아들인 까닭은 무엇일까요?

2. 고구려, 일본, 중국벽화가 서로 닮은 까닭은 무엇일까요?

요즘 사람은

일본에서 축제를 해요.

▶ 문화를 전해준 백제 사람을 지금도 기리고 있는 일본 사람에 대해서 생각해 봅시다.

옛날에 우리나라가 문화를 전해준 것을 기리는 축제가 일본에서 지금까지도 열리고 있습니다.

해마다 11월 '문화의 날'에 일본 오사카 시텐노지(四天王寺 : 사천왕사)에서 '왓소 마쯔리'가 열립니다. 왓소 마쯔리란 옛날에 바다를 건너 문화를 전해준 배를 중심으로 여러 사람이 행진을 벌이는 축제입니다.

행진에 등장하는 사람은 왜에 문자를 전해준 백제 왕인 박사를 비롯해 신라 김춘추, 쇼토쿠태자에게 불교를 전해준 고구려 혜자스님, 가야 우륵, 그리고 조선 시대 세종대왕도 있습니다.

옛날에 우리나라와 일본이 문화를 주고받았던 역사를 한 눈에 보여주는 축제로, 행렬단이 쇼토쿠태자로부터 환영을 받으며 시텐노지에 도착하면 끝이 납니다. 시텐노지는 백제 사람에게 도움을 받아 일본에 처음 세운 절입니다.

또한 '왓소'는 우리말 '왔다(왔소)'에서 따온 말로, 가마를 멘 사람들은 '왓쇼이'라는 구령을 힘차게 외치며 행진을 합니다.

생각하기

1. 오늘날까지 일본에서 백제를 비롯한 우리나라 사람을 기리는 축제를 하는 까닭은 무엇일까요?

14

만주벌판 달렸던
광개토대왕

(374년~412년, 고구려 19대 임금)

🔊 역사 연대기

395년 광개토대왕이 거란을 물리침
396년 광개토대왕이 백제를 공격하여 성 58개를 빼앗음
399년 고구려가 신라를 도와 왜를 물리침

🔊 학습목표

1. 광개토대왕에 대해 알 수 있다.
2. 광개토대왕이 영토를 넓힌 것을 알 수 있다.
3. 고구려 사람이 썼던 무기에 대해 알 수 있다.
4. 요즘 쓰는 무기에 대해 알 수 있다.

고구려를 넓힌 광개토대왕

고구려 광개토대왕 이름은 담덕입니다. 열여덟 살에 임금이 되었습니다. 왕위에 오른 뒤에 가장 먼저 한 일은 '영락'이라는 연호를 쓴 것입니다. 연호는 연대를 표시하기 위해 사용하는 말인데, 새 임금이 왕위에 오른 해부터 새로 만들어 썼습니다. 그러나 우리나라는 스스로 만들지 않고, 중국 연호를 가져다 썼는데, 광개토대왕이 처음으로 만들어 써서 고구려가 독립국가임을 알린 것입니다.

이때 중국은 다섯 민족이 열여섯 나라를 번갈아 세우면서 서로 싸우는 5호 16국 시대였습니다. 우리나라에서는 백제가 가야, 왜와 함께 고구려를 위협하고 있었고, 북쪽에서는 거란족이 자주 쳐들어와 백성을 괴롭히고 있었습니다.

"예로부터 고구려는 기상이 드높았소. 여러 적이 우리를 위협하고 있지만, 두려워하고 있을 수만은 없소. 나는 이들을 물리쳐 이 땅을 넓고 평화롭게 만들어 백성을 잘 살게 하고자 하오."

광개토대왕은 이렇게 외치며 나라 힘을 키우기 위해서 군사를 훈련시키고 많은 백성을 교육시켰습니다.

광개토대왕은 고구려를 괴롭히는 백제를 공격해 관미성을 비롯한 10여개 성을 빼앗았습니다. 그리고 북으로도 기세를 몰아 거란을 공격해 많은 땅을 차지했습니다. 그 다음해에는 백제 성 58개와 700여개 마을을 차지하면서 백제 수도까지 쳐들어갔습니다. 이때 백제 아신왕은 할 수 없이 광개토대왕에게 무릎을 꿇고 항복했습니다.

그러나 백제 아신왕은 항복을 하고서도 왜에 도움을 청했습니다. 왜가 신라를 공격하도록 해서 고구려군이 신라를 돕는 동안 고구려를 공격할 계획을 세웠습니다. 그렇지만 신라로 쳐들어온 왜는 고구려군이 몰려오고 있다는 말만 듣고도 도망을 쳐버렸습니다. 고구려가 힘이 강했기 때문에 모두 무서워했습니다.

광개토대왕은 쉴 틈이 없었습니다. 신라를 도와주러 간 사이에 중국에 있는 후연이라는 나라가 또 쳐들어왔기 때문입니다. 잠깐 동안 싸움에 밀려 땅을 빼앗기기도 했지만, 광개토대왕은 다시 후연으로 쳐들어가 두성과 평주라는 지역을 차지했습니다. 더 멀리 나아가 후연에 있는 숙군성을 차지했고, 아버지인 고국양왕 때 빼앗긴 현도성, 요동성도 되찾았습니다.

드디어 옛날 고조선 때 한나라에 빼앗긴 요동, 요서지방을 7백여 년 만에 우리 땅으로 다시 만든 것입니다. 또 동쪽으로는 동부여를, 남쪽으로는 임진강 유역을, 서쪽으로는 요하강, 북쪽으로는 송화강, 북동쪽으로는 연해주에 이르는 넓은 곳을 고구려 땅으로 만들었습니다.

광개토대왕이 잇달아 나라를 넓힌 까닭은 다른 나라가 침략하는 것을 막아야 안정된 나라가 되고, 넓은 땅을 차지해야만 백성이 풍요롭게 살 수 있다고 생각했기 때문입니다.

그러나 늘 백성을 생각했던 광개토대왕은 몸을 돌보지 않고 일하다가 안타깝게도 서른아홉 살 젊은 나이로 세상을 떠났습니다.

1. 광개토대왕이 나라를 계속 넓힌 까닭은 무엇인가요?

고구려 사람은 전쟁을 잘 했다.

　광개토대왕이 많은 전쟁에서 잇달아 이길 수 있었던 까닭은 고구려가 백제, 신라나 중국보다 철을 다루는 기술이 뛰어났기 때문입니다. 고구려에서는 철로 좋은 농기구와 무기를 많이 만들었습니다.

　고구려는 땅이 거칠고 추운 곳이라 농사짓기가 어려웠습니다. 주로 사냥을 해서 먹고 살았습니다. 사냥하기 좋도록 활을 만들다보니 다른 나라보다 더 좋게 만들 수 있게 된 것입니다. 다른 나라 활보다 길이가 짧고 작아서 다루기가 쉬웠습니다. 말을 타고 달리면서 등을 완전히 뒤로 돌려 자유롭게 활을 쏠 수도 있었습니다. 사냥을 하면서 익힌 말타기와 활쏘기 솜씨를 전쟁할 때도 발휘했습니다.

　고구려 활은 맥궁이라고 불렀습니다. 고구려 무덤인 무용총 벽화에는 사냥하는 그림이 있는데, 쇠뿔 다섯 개를 이어서 만든 맥궁을 볼 수 있습니다. 화살촉도 여러 모양으로 만들어 썼습니다. 벽화에 보이는 화살촉은 끝이 뾰족하지 않은데, 바람소리를 크게 내서 겁을 줄 때 쓰는 화살입니다.

무용총-중국 지린

살아가는 인물 열어가는 역사

창이나 칼도 고구려 사람이 잘 쓰는 무기였습니다. 전투가 벌어지면 멀리서 활을 쏘다가 적군과 거리가 가까워지면 창을 썼습니다. 기다란 창, 갈고리 창 같이 종류도 많았습니다.

칼이나 도끼도 무기로 만들어 썼습니다. 칼자루 끝에는 둥근 고리가 달려 있기도 했는데, 끈을 매달아 말 위에서 칼을 놓치지 않기 위해서였습니다.

낱말알기
행렬도 : 여럿이 줄을 지어 가는 모습을 그린 그림. 군대행렬도.

병사도 갑옷을 입고, 말에게도 갑옷을 입혔습니다. 병사가 말 위에서 자유롭게 싸우기 위해서는 발을 디디고 서는 '등자'가 있어야 하는데, 고구려 사람은 뛰어난 철 기술로 오래전부터 등자를 잘 만들었습니다. 이런 무기가 있었기 때문에 들판에서 벌어지는 전투, 산 속에서 벌어지는 전투, 말을 타고 싸우는 전투 어디에서도 승리할 수 있었습니다. 고구려 시대 무덤에 벽화를 보면 무기와 군대 모습을 잘 알 수 있습니다. 강한 무기와 군대가 있었던 고구려는 더욱 강력한 국가로 발전하게 되었습니다.

안악 3호 무덤 행렬도-북한 평양

탐구하기

1. 무용총 벽화에 보면 고구려 사람이 사용한 활이 나옵니다. 그 활 이름과 특징을 써보세요.
활이름 :   특징 :

2. 고구려 사람이 말 위에서 자유롭게 싸우기 위해 발을 딛고 선 것은 무엇인가요?

요즘 사람은

무서운 무기

▶ 고구려에 많은 무기가 있었던 것처럼 요즘에도 많은 무기가 있습니다. 성능이 점점 좋아지지만 잘못 쓰면 많은 사람이 한꺼번에 죽을 수 있다는 것에 대해 생각해봅시다.

옛날에는 화살이나 칼, 창 등으로 병사끼리 서로 맞서 싸웠지만, 요즘은 위력이 강한 무기로 싸웁니다. 그 가운데에는 화약, 핵폭탄, 미사일 등이 있습니다.

화약은 중국에서 발명되어 서양으로 건너가 노벨에 의해 안전하고 잘 터지는 '다이너마이트'로 만들어졌습니다. 다이너마이트는 철도나 도로공사에 큰 도움을 주었습니다. 그러나 전쟁에 쓰이게 되면서 강력한 무기로 변해갔습니다.

2차 세계대전 때인 1945년에 미국은 핵무기를 만들었습니다. 그리고 일본 나가사끼, 히로시마에 핵폭탄을 떨어뜨렸습니다. 이 폭탄은 너무나 크게 폭발해서 많은 사람이 죽고, 방사능에 의한 질병과 환경오염을 일으켰습니다.

미사일은 속도나 방향을 스스로 조정해 목표까지 날아가는 무기입니다. 미사일에 폭탄을 달면 원하는 곳으로 날아가 건물이나 땅을 파괴할 수 있습니다.

공사를 편하게 하는 다이너마이트, 엑스레이 사진을 찍는 방사선, 우주선을 쏘아 올리는 미사일 등은 원래 좋은 곳에 쓰이는 것들이지만, 전쟁에 쓰이면서 핵폭탄 하나가 지구를 완전히 파괴해 버릴 정도로 점점 무서운 무기로 변했습니다.

일본 히로시마에 떨어졌던 핵폭탄-리틀보이

미사일

1. 다이너마이트나 방사선은 어떤 좋은 점과 나쁜 점이 있을까요?

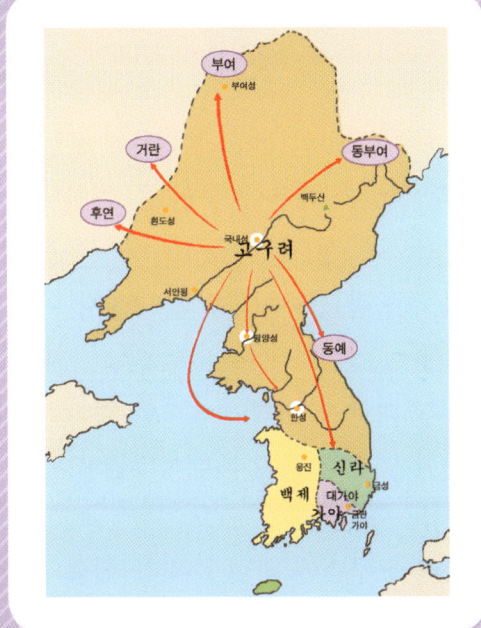

15

고구려 전성기를 이룩한
장수왕
(394년~491년, 고구려 20대 임금)

🔊 역사 연대기
414년 광개토대왕비를 세움
427년 장수왕이 국내성에서 평양으로 수도를 옮김
475년 장수왕이 백제 한성을 공격하여 점령함

🔊 학습목표
1. 장수왕이 평양으로 수도를 옮긴 이유를 알 수 있다.
2. 삼국시대에 만든 금석문을 알 수 있다.
3. 인터넷 예절을 알 수 있다.

고구려 최고 전성기를 이룩한 장수왕

장수왕 이름은 '고거련'입니다. 거련은 광개토대왕 맏아들로, 스무 살에 임금이 되어 78년 동안 다스렸습니다. 장수왕이라는 이름은 아흔여덟 살이 되도록 오래 살았기 때문에 붙인 '시호'입니다. 시호는 왕이 죽은 뒤에 부르는 이름을 말합니다.

임금이 된 뒤, 장수왕은 '광개토대왕비'를 세워 아버지 업적과 고구려 건국신화인 동명성왕 이야기를 새겼습니다. 또 나라 이름을 '고려'라고 바꾸어 불렀습니다.

그리고 수도를 국내성에서 평양으로 옮겼습니다. 그 까닭은 국내성에 있는 귀족세력을 억눌러 왕권을 강화시키고, 평양 둘레에 있는 기름진 땅과 대동강을 통한 뱃길을 얻기 위해서였습니다. 남쪽에 있는 백제와 신라를 공격해서 영토를 넓히기 위한 것이기도 했습니다.

이를 눈치 챈 백제는 신라와 사이좋게 지낼 것을 서로 약속하며 고구려에 맞설 준비를 했습니다. 그런 가운데 신라와 고구려 국경에서 사냥을 하던 고구려 장수가 신라 군사에게 죽임을 당하는 일이 일어났습니다. 고구려는 군사를 보내 신라를 치려고 했습니다. 신라는 사신을 보내서 잘못을 빌었습니다. 그 뒤로 고구려와 신라는 평화롭게 지냈습니다.

하지만 시간이 흐를수록 백제와 신라 사이가 가까워졌습니다. 그러자 장수왕은,

"백제와 신라가 힘을 합쳐서 공격하기 전에 우리가 먼저 두 나라를 쳐야 한다."

군사를 이끌고 신라 북쪽을 공격하고, 백제도 공격했습니다.

신라와 백제는 '나제동맹'을 맺어 연합군을 만들었습니다. 고구려는 나제연합군에게 밀려 한동안 두 나라를 공격하지 못했습니다.

그런데 백제가 고구려 남쪽을 공격하는 한편, 중국 북위에 사신을 보내 고구려를 공격해 달라고 부탁했습니다.

아차산 보루-서울 광진

이 사실을 알게 된 장수왕은 백제를 치기 위해서 승려인 도림을 불러서,

"백제 개로왕이 바둑을 좋아한다고 하오. 그대가 바둑으로 개로왕 마음을 사서 백제를 약하게 만들 수 있는 꾀를 내어 주시오."

첩자로 보냈습니다.

개로왕은 바둑 실력이 뛰어난 도림에게 속아 궁궐을 화려하게 짓고, 옛 왕들 무덤을 다시 만드느라 국력을 낭비했습니다. 장수왕은 이때를 틈타 백제를 기습 공격해 개로왕을 죽이고 승리를 거두었습니다. 한강 유역을 차지한 다음, 신라도 공격해 여러 성을 빼앗았습니다.

고구려는 북동쪽으로는 두만강 건너 훈춘, 북서쪽으로는 요하 동쪽에 있는 만주지방 대부분을 차지했습니다. 또 남쪽으로는 충청도 아산만에서 소백산맥을 넘어 경상북도 포항에 있는 영일만에 이르는 넓은 영토를 차지했습니다.

장수왕이 죽자, 중국에 있는 북위황제는 다른 민족에게 주는 가장 높은 자리인 '강'이라는 시호를 내렸습니다. 북위는 장수왕이 이룬 업적을 높게 생각했던 것입니다.

장수왕이 묻힌 무덤은 '장군총'이라고 합니다. 그리고 중원 고구려비는 고구려 최고 전성기를 누린 장수왕이 한강 유역을 차지한 것을 기념해서 세운 비석입니다.

장군총-중국 지린

중원 고구려비-충북 충주

1. 장수왕이 수도를 국내성에서 평양으로 옮긴 까닭은 무엇인가요?

2. 고구려가 남한강 유역을 차지한 뒤에 기념으로 세운 비석은 무엇인가요?

중요한 업적이나 일을 돌에 새겼다.

고구려 장수왕은 아버지인 광개토대왕을 이어받아 나라를 더욱 크게 넓혔습니다. 그리고 광개토대왕이 이룬 업적을 돌에다 새겼습니다. 이렇게 쇠나 돌에 새겨놓은 글을 '금석문'이라고 합니다. 금석문은 역사와 문화를 연구하는 데에 좋은 자료가 됩니다.

장수왕이 세운 금석문으로 지금까지 전해오고 있는 것은 중국에 있는 광개토대왕비와 충북 충주에 있는 중원 고구려비입니다.

광개토대왕비는 우리나라 역사에서 처음으로 세운 금석문입니다. 비문에 적힌 내용은 크게 세 부분입니다.

첫째 부분에는 고구려를 건국한 주몽(동명성왕), 유류(유리왕), 대주류(대무신왕) 같은 임금 이야기와 광개토대왕이 어떻게 왕위에 올랐는지 써 놓았습니다.

둘째 부분에는 광개토대왕이 한 일을 적어 놓았습니다.

셋째 부분에는 광개토대왕이 살아 있을 때 내린 명령에 따라 묘비와 연도를 세는 '연호'를 정한 것에 대해 적어 놓았습니다.

광개토대왕비는 기록이 부족한 고구려 역사를 알려주는 매우 중요한 금석문입니다.

중원고구려비는 장수왕이 남한강 둘레에 있는 여러 성을 공격해 영토를 넓힌 뒤에 세운 비석입니다. 1979년에 충주시 가금면 용전리 입석 마을에서 발견했습니다.

비석은 사각기둥 모양 돌 4면에 모두 글을 새겼는데, 광개토대왕비와 비슷합니다.

광개토대왕비 모형—전쟁기념관

비문은 심하게 닳아 앞면과 왼쪽 옆면 일부분만 읽을 수 있습니다. 비석에 적힌 내용 가운데 처음에 '고려대왕(高麗大王)'이라는 글자가 보이는데, 여기에서 고려는 고구려를 뜻합니다. 장수왕이 수도를 평양성으로 옮긴 뒤에 나라 이름을 '고려'로 바꾸어 불렀기 때문입니다.

이 비문에는 고구려가 형님이 되고, 신라가 아우가 된다는 것과 고구려 영토가 소백산맥을 경계로 조령과 죽령을 넘어 영일만에 이른다고 씌어 있습니다.

중원고구려비는 고구려 영토 경계를 표시하는 것으로, 백제 수도인 한성을 빼앗고, 한반도 중부지역까지 차지했음을 말해줍니다. 또 고구려와 신라, 백제가 어떤 관계를 맺고 있었는지 알려줍니다.

고구려 것 외에도 우리나라에 전해오는 금석문은 많이 있습니다. 신라 것으로는 진흥왕이 세운 단양적성비와 진흥왕순수비가 있고, 백제 것으로는 사택지적비 등이 있습니다.

적성비-충북 단양

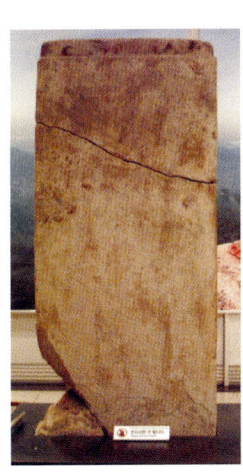
진흥왕순수비-국립중앙박물관

사택지적비-국립부여박물관

탐구하기

1. 우리나라 역사에서 처음 세운 금석문은 무엇인가요?

2. 우리나라에 전해오는 삼국시대 금석문에는 어떤 것들이 있나요?

요즘 사람은

무심코 남기는 인터넷 댓글

▶ 장수왕이 남긴 금석문인 광개토대왕비를 보면 한번 남겨진 기록은 오랜 시간이 흐른 뒤에도 지워지지 않고 남아있다는 것을 알 수 있습니다. 내가 인터넷에 남긴 글도 영원히 남을 수 있다는 것에 대해서 생각해 봅시다.

　옛날 사람이 돌이나 쇠에 글을 새긴 금석문은 천 년이 흐른 지금에도 남아 있습니다. 이처럼 내가 남긴 기록이 영원히 지워지지 않고 남는다면 어떤 글을 쓰기 전에 충분히 생각해야 할 것입니다.

　요즘 사람도 중요한 일이나 기억해 둘 만한 것이 있으면 일기를 쓰거나 어딘가에 써놓습니다. 종이에도 쓰지만, 컴퓨터에 써서 저장해 두기도 합니다. 인터넷에서 친구를 초대할 수 있는 카페를 만들거나 개인을 위한 블로그를 만들어서 여러 가지 이야기를 기록하는 사람도 많습니다. 또, 많은 사람이 남이 쓴 글을 보고 자기 생각을 댓글로 남기기도 합니다.

　그런데 자기 이름과 얼굴이 공개되지 않는 인터넷에서 쉽게 쓰고 지울 수 있는 댓글을 남길 때 남에게 상처를 줄 수 있는 말도 너무 쉽게 쓰곤 합니다.

　상대방에게 상처를 주거나 불쾌하게 하는 댓글에는 어떤 것이 있을까요?

　담임선생님을 담순이, 담탱이 등으로 쓰는 것처럼 즐, 헐 같은 새로 생긴 단어나 비속어를 쓰는 경우가 있습니다. 또 자음단독형 ㅋㅋ ㅎㅎ ㅂㅅ ㅈㄹ 등등으로만 이루어진 댓글도 상대방을 불쾌하게 만듭니다. 그리고 욕설을 마구 쓰는 사람도 있습니다.

　불쾌한 글이나 심한 욕설은 사람에게 상처를 줍니다. 요즘에는 아예 댓글을 달 수 없도록 해 둔 곳도 많이 있습니다.

　칭찬이나 격려하는 댓글은 상대방을 행복하게 만듭니다. 모두 인터넷 예절인 네티켓을 잘 지킨다면 인터넷 문화가 더욱 발달할 것입니다.

1. 인터넷 예절을 지키는 방법에는 무엇이 있을까요?

2. 인터넷을 검색하다가 발견한 기분이 좋아지는 댓글에는 어떤 것이 있었나요?

16

백제를 다시 일으킨

무령왕

(462년~523년, 백제 25대 임금)

🔊 역사 연대기

475년 백제 문주왕이 도읍을 웅진(공주)으로 옮김
501년 25대 무령왕이 왕위에 오름
503년 신라 지증왕이 '왕'이라 부르며 나라 이름을 '신라'로 정함
523년 백제 성왕이 왕위에 오르고, 무령왕릉을 완성함
538년 백제 도읍을 사비(부여)로 옮기고 나라 이름을 '남부여'로 바꿈

🔊 학습목표

1. 백제 부흥기에 대하여 알 수 있다.
2. 백제 풍습과 문화를 알 수 있다.
3. 발굴에 대해서 생각해 볼 수 있다.

 인물 이야기

다시 큰 나라로 만들리라.

고구려 장수왕에게 위례성이 함락당하고 개로왕이 전쟁에서 죽자, 꺼져가는 등불처럼 백제는 힘을 잃고 흔들렸습니다.

나날이 강해지는 고구려를 피해 도읍을 웅진으로 옮기고 안정을 찾으려 했지만, 귀족이 반란을 일으켜 임금을 죽이는 등 나라 안팎이 어지러웠습니다.

하지만 24대 동성왕은 귀족세력을 누르고, 군사를 키워 나라를 안정시켰습니다. 왜에 문물을 전해주는 등 나라는 발전해 가고 있었으나 가림성 성주 백가가 동성왕을 죽이고 반란을 일으켰습니다. 백가를 쫓아내고 다시 나라를 바로잡은 임금이 무령왕입니다.

무령왕은 용감한 임금이었습니다. 마음도 너그러웠습니다. 백성이 편안하게 살 수 있는 평화롭고 튼튼한 나라를 만들고 싶었습니다.

그러나 나라에 전염병이 돌고 가뭄까지 겹쳐 죽는 백성이 많았습니다. 이를 안타깝게 여겨,

"나라 창고 안에 있는 모든 곡식을 풀어서 나누어 주도록 하라."

명령을 내렸습니다.

어느 날 무령왕은 한창 바쁜 농사철인데 힘없이 나무 그늘에서 모여 있는 사람을 보았습니다. 그 까닭을 묻자,

"저희도 일하고 싶으나 농사 지을 밭 한 뙈기, 땅 한 뼘이 없어 이러고 있사옵니다."

한 젊은이가 대답했습니다.

무령왕은 농사 지을 땅도 없이 굶주리는 백성을 모아 제방을 쌓는 일자리를 만들어 주었습니다. 강물을 막아 제방을 쌓으니 가뭄이 들거나 홍수가 나도 물 걱정 없이 농사를 지을 수 있었습니다.

땅이 없는 백성에게는 버려진 땅을 농사 짓는 땅으로 만들어 나누어 주었습니다. 먹을 것을 찾아 떠돌다 거지나 도적이 되지 않고 편안히 살 수 있도록 했습니다. 백성은 무령왕을 더욱 믿고 따랐습니다.

무령왕은 백제를 위협하는 고구려와 싸움을 벌이며 힘을 키워갔습니다.

"장수 우영은 군사 5천 명을 이끌고 가서 고구려 수곡성을 먼저 공격하라."

명령했습니다.

고구려도 고목성을 공격했지만, 꿋꿋하게 잘 막아냈습니다. 그 뒤에도 고구려는 틈만 나면 백제를 공격했습니다. 무령왕은 부지런히 군사를 키우고, 성 둘레에 나무 울타리로 목책을 쌓는 등 대비해 나갔습니다.

무령왕릉-충남 공주

하지만 다시 쳐들어온 고구려군에게 크게 패한 백제는 가불성과 원산성을 빼앗겼습니다. 백제군 사기도 뚝 떨어졌습니다. 그러자 무령왕은,

"우리 병사가 고구려군에게 잔뜩 겁을 먹고 있다. 내가 직접 나서서 고구려군과 싸워 한동안 백제에 쳐들어오지 못하게 하리라."

라며, 직접 기병 3천명을 이끌고 나가 싸워 크게 이겼습니다. 이 싸움으로 백제를 업신여기던 고구려군은 한동안 백제를 넘보지 못하게 되었습니다.

무령왕은 바닷길을 다니며 왜 뿐만 아니라 중국에 있는 양나라와도 문물을 주고받으며 아름다운 문화를 꽃피워 백제를 힘센 나라로 만들었습니다.

탐구하기

1. 농사 지을 땅이 없이 굶주리는 백성을 위해서 무령왕이 한 일은 무엇인가요?

2. 무령왕이 바닷길로 다니며 많은 문물을 주고 받은 나라는 어떤 나라들인가요?

그때 사람은

무령왕릉, 잠을 깨다

　무령왕이 죽자 벽돌을 쌓아 아름다운 무덤을 만들었습니다. 무령왕릉에서는 108 종류로, 2,906개나 되는 많은 유물이 나왔습니다. 이 유물은 백제 사람이 살았던 모습과 풍습을 보여줍니다. 그리고 바다를 통해 오고가던 여러 나라에서 영향을 받아 아름답게 발달한 백제 문화를 알 수 있게 해주었습니다.

　무령왕릉에 들어서면 관을 두는 널방과 이어지는 좁은 널길이 있습니다. 널길 입구에는 지석이 놓여 있고 그 뒤에는 진묘수가 서 있습니다. '지석'은 무덤 주인 무령왕이 태어나고 죽은 날과, 또 무덤을 만들기 위해 땅을 다스리는 신에게 임금이 땅을 산다는 내용을 써 둔 돌판 입니다. 그리고 토지신에게 땅 값으로 바쳤던 중국돈인 '오수전' 한 꾸러미가 지석 위에 놓여 있었습니다.

　백제 사람은 하늘과 땅, 자연물을 다스리는 신이 따로 있다고 믿었으며, 신에게 땅값을 치르고 시신을 묻는 장례풍습이 있었습니다. 이 지석은 백제 사람이 섬긴 신앙을 알 수 있게 해 줍니다.
　'진묘수'는 무덤을 지키는 돌짐승입니다. 돼지를 닮은 정겨운 모습입니다. 큰 코에, 눈은 두꺼비처럼 툭 튀어 나와 있습니다. 붉은 칠이 되어 있는 입은 헤벌어져 웃는 듯한 표정입니다. 머리에는 나뭇가지 모양 쇠뿔을 달고 있습니다. 옆구리 양쪽에 날개 같은 것이 조각되어 있고, 몸에는 붉은 칠을 한 흔적이 남아 있습니다. 이 돌짐승 덕분에 무령왕릉은 1,500여 년 동안이나 도둑 맞지 않았는지도 모릅니다.

무령왕릉에서 나온 지석

무령왕릉에서 나온 진묘수

무령왕릉에서 나온 지석

널방에는 무령왕과 왕비 관이 나란히 놓여있었습니다. 임금과 왕비는 금팔찌와 금귀걸이, 뒤꽂이 같은 금 장신구와 청동거울, 칼, 도자기, 유리, 베개와 발 받침 등 여러 가지 껴묻거리가 들어 있었습니다.

임금과 왕비 머리에는 금으로 꼼꼼하게 만든 모자장식이 있습니다. 금판을 뚫어서 덩굴무늬를 새기고, 줄기를 타오르는 불꽃 모양으로 우아하게 만들었습니다. 또 구슬 모양 꾸미개를 금실로 꼬아서 줄줄이 달았습니다. 백제 사람이 금을 다루는 솜씨가 얼마나 뛰어났는지 알 수 있습니다. 두 개씩 나온 것으로 보아 임금과 왕비가 쓰던 모자 앞뒤나 양 옆으로 꽂았던 모양입니다. 굵은 금 귀걸이와 팔찌, 유리 목걸이로 치장하고, 머리에는 모자장식을 꽂은 모습은 화려하고 아름다웠을 것 같습니다.

날개를 펴고 하늘을 날아가는 새 모양 뒤꽂이도 나왔습니다. 새는 죽은 사람을 태어나기 전에 있던 하늘로 이끌어 준다고 백제 사람은 생각했습니다.

무령왕릉에서는 유리로 만든 유물도 많이 나왔습니다. 유리 동자상은 크기가 3센티미터쯤 밖에 안 되는 아기 승려 조각상입니다. 눈, 코, 입은 선으로 간단하게 새기고 두 손은 앞가슴에 가지런히 모아 쥔 귀여운 모습입니다. 이 동자상은 우리나라 유물 가운데 하나 밖에 없는 유리 조각상입니다. 백제 사람이 유리 다루는 기술도 뛰어났다는 것을 말해줍니다.

무령왕릉에서 나온
금제 관장식

무령왕릉에서 나온
금제 귀걸이

무령왕릉에서 나온
금제 귀걸이

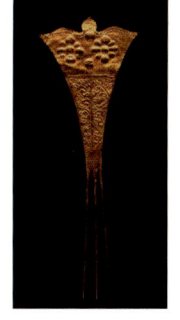
무령왕릉에서 나온
금제 뒤꽂이

 1. 백제 사람은 지석 위에 왜 중국 돈인 '오수전'을 두었을까요?

요즘 사람은

재미있는 발굴 이야기

▶ 요즘도 많은 곳에서 옛날 사람이 쓰던 물건이나 살았던 곳이 발견됩니다. 유물과 유적은 어떻게 세상에 알려지는지 알아봅시다.

옛날 사람이 쓰던 물건이 땅속이나 바다 속에서 가끔씩 발견됩니다. 주로 우연히 발견되는데, 아주 중요한 물건인 경우도 많습니다.

1974년, 연천군 한탄강변에서 미군 병사인 오웬은 특이하게 생긴 돌멩이를 주웠습니다. 고고학을 공부한 오웬은 구석기 시대 사람이 돌을 깨서 만든 주먹도끼인 것을 알아보았습니다. 그때까지도 세계 고고학자들은 전기 구석기 문화는 아프리카와 유럽, 인도 동부지역에만 있다고 주장했는데 우리나라에도 전기 구석기 시대부터 사람이 살았다는 것이 밝혀졌습니다.

울주암각화는 천전리 바위그림을 찾은 덕분에 발견되었습니다. 불교미술 학자를 안내하던 길잡이 노인이 천전리에 가면 바위에 그림이 있다고 했습니다. 그 바위에는 마름모, 지그재그 같은 무늬와 사슴, 물고기가 새겨져 있었습니다. 그 학자는 둘레를 더 자세히 살폈고, 얼마 떨어지지 않은 곳에서 우리나라에서 가장 오래된 그림인 울주암각화를 발견했습니다.

풍납토성은 홍수가 준 선물입니다. 1925년 7월 9일부터 나흘 동안 큰비가 내려 서울 대부분이 물에 잠겼습니다. 15일 저녁부터 다시 내리기 시작한 비는 쉬지 않고 또 사흘 동안 내렸습니다. 두 차례 큰물이 쓸고 가면서 무너진 풍납토성 성벽에서 백제 사람이 쓰던 유물이 나왔습니다. 그 유물 덕분에 자세한 기록이 없어서 짐작만 하던 한성 백제 시대를 알 수 있게 되었습니다.

태안에 사는 어부인 김용철이 쭈꾸미를 잡기 위해 바다에 뿌려놓은 소라껍데기를 끌어 올리자 따라 올라온 쭈꾸미 빨판에 도자기 조각이 붙어 있었습니다. 어떤 쭈꾸미는 파란색 대접을 뒤집어쓴 채 올라오기도 했습니다. 그 대접은 고려 시대에 만든 도자기인 청자이며, 고려청자를 싣고 가던 배가 가라앉았다는 것이 밝혀졌습니다.

1. 우리 집에 있는 물건 가운데 나중에 귀중한 유물이 되었으면 좋겠다고 생각하는 것은 무엇인가요? 그 까닭도 함께 써 보세요.

17

신라에 불교를 뿌리 내리게 한

이차돈

(502년이거나 506년~527년, 신라시대 종교인)

🔊 역사 연대기

372년 고구려에 불교가 들어옴
384년 백제에 불교가 들어옴

🔊 학습목표

1. 이차돈에 대해서 알 수 있다.
2. 신라에 불교가 들어온 과정을 알 수 있다.
3. 다일 공동체에 대해서 알 수 있다.

신라에 불교를 심은 이차돈

신라 법흥왕 때 일입니다. 고구려와 백제가 불교를 받아들여 나라 종교인 국교로 삼고 부처님 정신으로 다스리자, 임금 힘이 강해져서 튼튼한 나라가 되었습니다.

신라 법흥왕도 불교를 받아들이려고 절을 짓기 시작했습니다.

그러나 많은 신하가 한 목소리로,

"저마다 믿는 종교가 있는데 불교를 받아들이면 나라가 어지러워질 것입니다."

반대했습니다. 반대가 워낙 심해서 절 짓는 공사도 중단되고 말았습니다.

임금이 나라에서 가장 높은 사람이지만, 신하가 반대하는 일을 마음대로 할 수는 없었습니다. 그때까지 신라 임금은 신하를 마음대로 할 수 있을 만큼 힘이 세지 못했기 때문입니다.

법흥왕 때 지은 백률사-경북 경주

법흥왕 때 지은 흥륜사 터-경북 경주

법흥왕은 불교를 받아들이고 싶은 마음과 신하들 반대 사이에서 이러지도 못하고 저러지도 못한 채 괴로워하고만 있었습니다.

이차돈은 신하들이 나라를 생각해서가 아니라 임금 힘이 강해지고 자기 힘이 약해질까 봐 두려워서 반대한다는 것을 알아차렸습니다.

이차돈 순교비-국립경주박물관

법흥왕 사위이면서 비서인 이차돈은 괴로워하는 임금을 도와야겠다고 결심했습니다.

자기가 모든 책임을 질 테니 절을 지으라고 했습니다. 절이 완성되자 법흥왕은 불교를 받아들이겠다고 선포했습니다.

하지만 신하들은 나라에서 중요한 일을 의논하지 않았다면서 거세게 반발했습니다. 임금을 몰아내기라도 할 기세였습니다.

그때 이차돈이 앞으로 나서며, 절은 자기가 임금 몰래 지은 것이라고 했습니다. 그러자 신하들은 이차돈을 처형하라고 했습니다.

이차돈도 법흥왕에게 자기 목을 베라고 했습니다.

"내가 죽으면 분명히 이상한 일이 일어날 것이오."

처형을 당하기 전에 이차돈은 이렇게 말했습니다. 아무도 그 말을 믿지 않았습니다. 하지만 목을 자르자 하늘이 컴컴해지더니 잘린 목에서 흰 피가 솟구쳐 올랐습니다. 하늘에서는 꽃비가 내렸습니다.

"아니! 사람 목에서 붉은 피가 나오지 않고 흰 피가 나오다니, 이건 부처님이 벌을 내리시는 게 분명해."

신하들은 너무도 놀라 그 자리에 꿇어 엎드렸습니다. 그 다음부터는 아무도 불교를 받아들이는 것에 반대하지 않았습니다.

1. 신하들이 불교를 받아들이지 못하게 한 까닭은 무엇인가요?

2. 이차돈을 죽이자 어떤 일이 일어났나요?

 그때 사람은

우리나라에 불교가 들어왔어요.

전등사-인천 강화

불교는 인도왕자인 싯다르타가 보리수 나무 밑에서 깨달음을 얻어 세운 종교입니다. 우리나라에 들어온 것은 고구려, 백제, 신라가 있던 삼국 시대입니다.

삼국 가운데서도 고구려가 가장 먼저 불교를 받아들였는데, 소수림왕 때 중국 북쪽 땅에 있던 '전진'이라는 나라에서 온 '순도'라는 스님이 불상과 불경을 전해주었습니다. 또 얼마 뒤에는 '아도'라는 스님도 들어와서 전해 주었습니다. 소수림왕은 '성문사'와 '아불란사'라는 절을 지어서 불교를 널리 퍼뜨렸습니다. 강화도에 있는 전등사도 이때 세운 절입니다.

백제도 고구려와 비슷한 때에 불교가 들어왔는데, 침류왕 때 중국 남쪽 땅에 있는 '동진'에서 온 '마라난타'라는 인도 스님이 전해주었습니다. 백제는 크게 환영하고, 궁중에서 극진하게 모시며 받들었습니다. 마라난타는 백제에 온 다음해부터 절을 짓고, 스님을 가르쳤습니다. 불교를 발전시킨 백제는 일본에 전해주기도 했습니다.

하지만 신라는 나라에서 정식으로 받아들인 것이 아니라 고구려 사람과 백제 사람이 왔다갔다 하면서 전했습니다. 고구려에서 온 묵호자 스님을 비롯한 여러 스님이 오랫동안 불교를 퍼뜨렸지만 나라에서 인정을 받지 못했습니다. 신하들이 반대했기 때문입니다. 그러다가 이차돈이 불교를 위해 죽고 나자 나라에서 정식으로 받아들였습니다.

살아가는 인물 열어가는 역사

삼국 시대에 불교를 받아들인 것은 임금이 힘을 키우기 위해서 입니다. 옛날에는 임금 힘이 강해야 큰 나라가 되었기 때문입니다.

큰 나라가 되기 위해서는 전쟁으로 땅을 넓히는 방법도 있고, 법을 엄격하게 만들어서 많은 백성을 쉽게 다스리는 방법도 있었습니다. 그러나 백성이 하나로 모이지 않으면 임금을 섬기려 하지 않았습니다.

나라에서 한 가지 종교로 통일해 믿게 하면 같은 나라 백성이라는 생각을 하게 됩니다. 그래서 임금들이 불교를 받아들여 국교로 삼으려고 한 것입니다.

불교를 받아들이자 나라에는 많은 변화가 생겼습니다. 백성이 불교행사에 나오게 되자, 마음이 하나로 뭉쳐졌습니다. 그리고 불교행사에서 가장 높은 자리에 있는 임금에게 충성을 바치게 되었습니다. 또 절과 탑을 세우면서 집을 짓는 기술과 문화가 발달하게 되었습니다. 그리고 점점 아름다운 탑과 불상을 만들려고 노력하다보니 예술도 발달했습니다. 이때 만들어진 불교문화재는 지금도 남아있어서 삼국 시대를 잘 알 수 있게 해 줍니다

불교는 나라끼리 사이도 좋게 했습니다. 고구려는 신라에 불교를 전해주고 백제는 일본에 전해주면서 두 나라는 싸우지 않게 되었고, 같은 종교를 믿는 나라끼리 서로 돕게 되었습니다. 서로 좋은 문화도 배우게 되자 두 나라 모두 더 빨리 발전했습니다.

하지만 불교가 나쁜 일에 이용당하기도 했습니다. 고구려 장수왕이 도림을 백제에 보내서 개로왕을 부추겨 궁궐을 크게 짓고 성을 높이 쌓게 했습니다. 그러자 백제 백성은 힘든 부역에 시달려야 했습니다. 도림이 승려였기 때문에 백제 임금이 무조건 믿었다가 백성이 힘들어지고 나라가 어려워졌습니다.

탐구하기

1. 고구려에 불교를 전해준 나라는 어디인가요?

2. 불교를 받아들인 나라가 좋아진 점은 무엇인가요?

 요즘 사람은

종교가 하는 사회봉사

▶ 옛날에 종교가 사람 마음을 달래주었던 것처럼 요즘에도 가난하고 약한 사람을 돕는 종교가 많습니다. 종교 힘으로 사람을 돕는 것에 대해서 생각해 봅시다.

옛날부터 종교는 사람 마음을 평화롭게 해 주었습니다. 그런데 요즘에는 가난하고 힘없는 사람을 구하는 일에도 많이 나서고 있습니다.

다일공동체는 서울 청량리 굴다리에서 점심밥을 누구에게나 무료로 나누어 주는 밥집을 열고 있는 단체입니다. 예수님이 떡 다섯 조각과 물고기 두 마리로 수천 명을 배불리 먹였다는 성경이야기에서 이름을 따와 '오병이어'거리라고 부릅니다. 오병이어거리에서는 날마다 배고픔에 고통받는 사람이 찾아와 점심을 배불리 먹고 갑니다.

다일공동체를 이끌고 있는 사람은 최일도 목사님입니다. 1989년부터 청량리에 있는 가난한 동네로 들어가, 세상으로부터 버림받은 사람들과 같이 살며, 도우고 있습니다.

최일도 목사님이 가난한 동네로 들어와 살게 된 것은 전도사였던 1988년, 청량리역 앞에서 어떤 노인을 만나고 나서입니다. 네 끼를 굶은 그 노인에게 설렁탕을 사주면서 얘기를 들어보았습니다. 그때 떠돌아다니는 사람이나 잠 잘 곳조차 없어서 길에서 자는 노숙자가 청량리역 둘레에 수백 명이나 있다는 것을 알았습니다.

목사님은 등산갈 때 들고 가는 버너와 그릇을 들고 나와 노숙자에게 라면을 끓여주기 시작했습니다. 누군지도 묻지도 않았고, 밥을 사 먹을 수 있는 형편이 되는데도 그냥 얻어 먹으려는 사람인지 아닌지도 따지지 않았습니다. 누구나 라면을 대접했습니다.

그리고 다음해에 목사가 되었지만, 다른 곳으로 가지 않고 청량리에서 라면을 끓였습니다. 시간이 지나자 도와주는 사람이 많아져서 라면을 끓이지 않고 밥을 할 수 있게 되었습니다.

최일도 목사님과 다일 공동체가 나누어주는 밥은 그냥 밥 한 끼가 아니라 따뜻한 사랑이 담겨 있습니다. 오늘도 다일공동체는 가난한 사람에게 따뜻한 밥을 나누어 주고 있습니다.

 생각하기

1. 가난하고 갈 곳 없는 사람에게 밥을 나누어 주는 최일도 목사님과 다일공동체에 대한 내 생각을 써 보세요.

18

한강을 차지한
진흥왕

(534년~576년, 신라 24대 임금)

🔊 역사 연대기

545년 거칠부가 《국사》를 편찬함
554년 백제와 신라가 벌인 전투에서 백제 성왕이 죽음
562년 신라가 대가야를 멸망시킴

🔊 학습목표

1. 진흥왕이 영토를 크게 넓혔던 것에 대해 알 수 있다.
2. 삼국시대 나라 사이 동맹에 대해 알 수 있다.
3. 나라끼리 맺는 동맹과 연합에 대해 알 수 있다.

인물 이야기

신라를 크게 발전시킨 진흥왕

　신라에서 법흥왕을 이어 임금이 된 진흥왕은 겨우 일곱 살이었습니다. 너무 어려 어머니인 지소태후가 대신 나라를 다스렸습니다. 지소태후는 임금이 군대를 직접 거느리게 해서 왕권을 강하게 만들고, 절을 많이 세워, 불교를 널리 퍼트렸습니다.

　신라가 나라 힘을 크게 키울 수 있었던 것은 백제와 힘을 합쳤기 때문이기도 합니다. 힘을 합치니 남쪽으로 내려오는 고구려를 함께 막아낼 수 있었습니다. 백제와 신라는 예전부터 동맹을 맺기 위해서 왕족과 귀족끼리 결혼을 시키기도 했습니다.

　이때 백제는 성왕이 수도를 사비성으로 옮기고 나라 힘을 키우고 있을 때였습니다. 고구려가 백제로 쳐들어오자 성왕이 도움을 요청했습니다. 진흥왕은 백제를 도왔고, 고구려를 이길 수 있었습니다.

　그때 고구려는 나라 안이 복잡해 싸움에 신경 쓰지 못하고 있었습니다. 북쪽에서 돌궐족도 쳐들어왔습니다. 진흥왕은 백제와 함께 한강 둘레를 공격했습니다. 백제는 고구려에게 빼앗겼던 한강 둘레를 다시 되찾고, 신라는 한강 상류쪽 고구려 땅을 차지했습니다.

　진흥왕은 2년 뒤 중국과 뱃길을 열기 위해 백제와 동맹을 끊고, 한강 둘레 땅을 모두 빼앗았습니다. 빼앗긴 백제는 신라를 공격했고, 이 싸움에서 성왕은 목숨을 잃었습니다.

살아가는 인물 열어가는 역사

진흥왕은 대가야도 정복했습니다. 또 고구려가 약해진 틈을 타서 북쪽으로 쳐들어가 많은 땅을 차지했습니다. 이렇게 넓어진 나라를 기념하기 위해서 넓힌 땅에 '진흥왕 순수비'라는 비석을 세웠습니다.

진흥왕은 나라를 크게 넓히기도 했지만, 문화도 크게 발전시켰습니다. 재상인 거칠부를 시켜 역사책을 만들게 했으며, 가야 사람인 우륵에게 가야금과 노래와 춤을 가르치게 했습니다.

진흥왕 창녕 척경비-경남 창녕

불교를 통해 백성을 하나로 모으고 강한 왕권을 만들기 위해 황룡사를 짓기 시작했습니다. 선덕여왕 때 완성된 황룡사는 신라에서 가장 큰 절이었습니다.

나라를 다스리는 젊은 인재들을 길러내기 위해 원화제도를 화랑제도로 발전시켰습니다. 화랑은 나중에 신라가 삼국을 통일하는 데 큰 힘이 되었습니다.

신라는 진흥왕 때 차지한 한강 둘레를 중심으로 강력한 국가로 발전하면서 삼국을 통일할 수 있는 힘을 갖추게 되었습니다.

1. 진흥왕은 신라를 발전시키기 위해 어떤 일들을 했나요?

나라끼리 서로 돕는 동맹

단양적성 충북 단양

고구려, 백제, 신라 세 나라는 서로 필요할 때마다 동맹을 맺었습니다. 한 나라가 크게 강해지면 이에 맞서 다른 두 나라가 힘을 합쳐 싸웠습니다.

고구려 장수왕이 평양으로 수도를 옮기고 남쪽으로 내려오기 시작했습니다. 이때부터 백제와 신라는 서로 도와 고구려에 맞섰습니다. 장수왕이 백제 수도인 한성까지 쳐들어오자 신라는 백제를 돕기 위해 군사를 보냈습니다. 그러나 백제 개로왕은 죽임을 당했고, 수도를 웅진으로 옮겨 가게 되었습니다.

백제만 밀린 것이 아니라 한강 둘레를 차지한 고구려는 신라까지 공격했습니다. 이때도 백제는 신라를 도와 같이 전쟁에 나섰습니다.

두 나라는 결혼을 통해 더 가까워졌습니다. 백제 동성왕이 두 나라 관계를 더욱 단단히 하려고 신라 귀족 딸과 결혼했습니다.

성왕 때 백제는 신라와 힘을 합쳐 한강 둘레지역을 되찾아왔습니다. 차지한 땅을 백제와 신라가 나누어 가졌습니다. 그러나 신라 진흥왕은 약속을 어기고 백제가 차지한 땅까지 빼앗아버렸습니다. 나제동맹은 깨졌고, 두 나라 사이는 아주 나빠져 백제가 멸망할 때까지 전쟁을 했습니다.

백제는 대가야와 힘을 합쳐 신라를 공격했지만, 힘이 강해진 신라를 이길 수 없었습니다. 신라를 꺾기위해 고구려와 백제가 뭉치기 시작했습니다. 백제 의자왕은 왕위에 오르자마자 신라를 공격했습니다. 이때 40여개나 되는 성을 빼앗았습니다. 또 낙동강 둘레에 있던 대야성을 공격해 함락시켰습니다.

대야성-경남 합천

신라는 급히 고구려와 왜에 도움을 청했습니다. 그러나 고구려는 예전에 빼앗긴 땅을 돌려달라며 들어주지 않았습니다. 오히려 백제와 함께 신라를 공격했습니다.

불안해진 신라는 당나라를 찾아갔습니다. 신라와 당나라도 동맹을 맺었습니다. 백제도 당나라와 서로 오고 갔지만, 신라와 동맹을 맺자 관계를 끊어버렸습니다. 당나라가 고구려에 쳐들어오자 백제는 신라를 공격해 당나라와 신라가 서로 돕지 못하도록 막았습니다.

백제는 왜와도 가깝게 지냈습니다. 신라와 싸움을 할 때 왜가 뒤에서 신라를 공격하게 해서 도움을 받을 수 있기 때문입니다. 백제는 왜에 사신을 자주 보냈고, 많은 문화를 전해주었습니다.

이렇게 고구려, 백제, 신라, 당나라, 왜, 가야를 비롯한 여러 나라는 자기 나라 이익을 위해서는 서로 동맹을 맺어 힘을 합치기도 하고 동맹을 깨고 공격하기도 했습니다. 사람끼리는 믿음이 중요하지만, 나라끼리 맺는 외교는 이익이 되면 서로 돕고 손해가 되면 등을 돌려 버립니다. 의리보다는 나라가 평화롭고, 백성이 안심하고 사는 것을 더 중요하게 여기기 때문입니다.

1. 삼국시대에 왜 나라끼리 동맹을 맺었을까요?

요즘 사람은

동맹과 연합

▶ 삼국이 서로 자기 나라를 위해서 동맹을 맺고 깼던 것처럼 지금도 자기 나라 이익을 위해서 다른 나라와 서로 관계를 맺습니다. 나라끼리 맺는 동맹이나 연합에 대해 생각해봅시다.

동맹은 서로 이익이나 목적을 위해서 같이 행동하거나 서로 도와줄 것을 약속하는 것입니다. 동맹은 사람끼리 맺기도 하고 나라 사이에서 이루어지기도 합니다.

요즘에도 사람이나 나라가 모여 연합이라는 단체를 만들기도 합니다. 그러나 나라 사이에 목적이 달라지거나 이익을 얻지 못할 때는 쉽게 그 약속을 깨기도 합니다. 왜냐하면 모든 나라는 자기 나라 이익을 가장 먼저 생각하기 때문입니다.

세계 1차 대전이나 2차 대전 같은 큰 전쟁 때에는 나라끼리 서로 동맹을 맺어 싸웠습니다. 일본과 독일과 이탈리아가 동맹을 맺어 유럽 나라를 침략하자, 미국과 유럽 나라 연합군을 만들어 맞섰습니다. 또 공산주의 나라인 소련이 자본주의인 미국과 맞섰을 때는 많은 나라가 소련편과 미국편으로 나누어졌습니다.

그러나 많은 나라가 자기 나라 이익 때문에 동맹하는 나라를 바꾸거나 동맹을 깨기도 했습니다. 우리나라도 옛날에는 중국을 적으로 생각해 서로 오고 가지 않았습니다. 중국이 북한과 사이가 좋았고, 미국과는 사이가 좋지 않았기 때문입니다. 그러나 미국과 중국이 사이가 좋아지고 중국힘이 커지자 우리나라도 중국과 오고 가는 사이가 되었습니다. 그러자 중국과 맞서고 있는 타이완은 우리나라와 외교관계를 끊어버렸습니다.

유럽은 유럽연합을 만들어서 서로 한 나라처럼 자유롭게 다니고, 유로라는 돈까지 같이 사용합니다. 아프리카나 아시아, 남아메리카도 서로 연합해 힘을 합치고 있습니다.

동맹은 서로 돕는 사이지만, 이런 동맹 때문에 불편한 일을 겪기도 합니다. 우리나라는 미국과 맺은 군사동맹 때문에 미국이 이라크를 공격하자 어쩔 수 없이 군대를 보내야 했습니다.

생각하기

1. 나라 이익을 위해 쉽게 동맹을 끊는 것은 옳은 일일까요? 아닐까요? 그 까닭도 써보세요.

19

온달을 훌륭한 장수로 만든

평강공주

(온달-태어난 때 모름 ~590년, 고구려 장군
/평강-나고 죽은 때 모름, 고구려 공주)

🔊 역사 연대기

574년 신라가 황룡사를 세움
586년 고구려가 장안성으로 궁궐을 옮김
589년 신라 원광법사가 중국으로 유학을 감

🔊 학습목표

1. 온달과 평강공주 이야기를 알 수 있다.
2. 신분을 뛰어넘은 결혼에 대해 알 수 있다.
3. 친구를 사귀는 의미에 대해 생각할 수 있다.

온달을 장수로 만든 평강공주

고구려 평원왕에게는 평강공주라는 딸이 있었습니다. 고집불통에다가 울보였습니다. 한번 울기 시작하면 그칠 줄을 몰랐습니다.

그때마다 평원왕은,

"울지 마라. 자꾸 울면 바보 온달에게 시집보낸다."

놀렸습니다.

어느덧 세월이 흘러 평강공주가 열여섯 살이 되자, 평원왕은 귀족인 고씨 집안과 결혼시키려고 했습니다. 그러나

"아버님이 늘 말씀하시던 대로 온달에게 시집가겠습니다."

고집을 부렸습니다.

평원왕은 화를 내며 내쫓아버렸습니다. 평강공주는 온달을 찾아 나섰습니다. 온달 어머니는 온달과 결혼하러 왔다고 하자, 귀한 사람과 가난한 자기 아들은 어울리지 않는다며 돌아가라고 했습니다.

평강공주는 물러나지 않고 먹을 것을 구하러 산에 들어간 온달을 찾아 나섰습니다. 산속에서 온달을 만났으나,

"이런 깊은 산속은 어린 여자가 올만한 곳이 못되는데, 너는 틀림없이 여우나 귀신이겠구나. 썩 물러가거라."

뒤도 돌아보지도 않고 집으로 가버렸습니다. 평강공주가 집까지 따라갔지만, 문을 열어주지 않아 대문 밖에서 잠을 잤습니다.

이튿날 아침, 온달과 어머니는 할 수 없이 들어오라고 했습니다. 가져온 보물을 팔아 밭도 사고, 논도 사고, 살림살이도 마련했습니다. 그리고 온달에게 학문을 가르치고, 무예를 익히게 했습니다.

살아가는 인물 열어가는 역사

얼마 뒤에 중국에 있는 후주라는 나라가 고구려로 쳐들어왔습니다. 전쟁에 나간 온달은 맨 앞에 나서서 용감하게 싸웠습니다. 그 덕분에 고구려군은 사기가 높아졌고, 크게 이겼습니다. 평원왕은 기뻐하며 온달에게 '대형'이라는 높은 벼슬을 내렸습니다.

세월이 흘러 영양왕이 왕위에 올랐을 때 온달은,

"한강 북쪽 땅은 원래 우리 것이었으니, 왕께서 허락하신다면 되찾아오겠습니다."

군대를 이끌고 진격했습니다. 평강공주에게도 땅을 되찾지 못하면 돌아오지 않겠다고 했습니다.

그런데 온달은 아단성 밑에서 신라군과 싸우다가 그만 화살에 맞아 죽고 말았습니다. 군사들이 크게 슬퍼하며 장사지내려 했으나 온달을 넣은 관이 땅에 붙은 것처럼 꿈쩍도 하지 않았습니다. 이 소식을 듣고 평강공주가 달려왔습니다. 온달이 들어 있는 관을 어루만지며 말했습니다.

"온달님, 죽고 사는 것은 이제 결정이 났어요. 그만 돌아갑시다."

아단성으로 불렸던 아차산성-서울 광진

그때서야 비로소 관을 들 수 있었습니다. 땅을 되찾지 못하면 돌아오지 않겠다고 한 맹세 때문에 돌아가지 않으려는 온달 마음이 담겨서 관이 들리지 않았던 것입니다.

탐구하기

1. 공주가 온달을 장군으로 만들기 위해 무엇을 가르쳤나요?

2. 온달이 신라 군사와 싸우다가 전사한 곳은 어디인가요?

그때 사람은

옛날 사람 결혼이야기

　요즘은 누구나 자신이 선택한 사람과 자유롭게 결혼할 수 있습니다. 하지만 옛날에는 높은 사람은 높은 사람끼리, 낮은 사람은 낮은 사람끼리 결혼해야 했습니다. 그렇지만 신분을 뛰어넘어 결혼을 하는 경우도 있습니다. 신라 진흥왕 친동생인 숙흘종은 딸 만명이 금관가야 왕족인 김서현을 사랑한다는 것을 알고 몹시 화를 냈습니다. 신라는 철저한 계급 사회였기 때문에 왕족은 왕족과 결혼해야 했습니다. 만명이 왕족과 결혼해 왕비가 될 것이라고 굳게 믿고 있었는데, 신분이 다른 사람을 사랑하자, 화를 낸 것이었습니다. 김서현도 가야 왕족이긴 했지만, 가야는 이미 망한 나라였습니다. 신라 왕족과는 결혼 할 수 없는 신분이었습니다.

　숙흘종은 만명이 김서현을 만나지 못하면 사랑하는 마음도 식을 것이라고 여겼습니다. 김서현도 만명을 만나지 못하면 다른 여자를 아내로 맞을 것이라고 생각했습니다. 그래서 만명을 집안에 가두어 두었습니다. 하지만 집을 도망쳐 나가 김서현을 만났습니다. 아무리 만나지 못하게 해도 두 사람은 포기하지 않고 사랑도 변하지 않았습니다. 숙흘종은 아무리 반대를 해도, 아무리 방해를 해도, 떼어 놓을 수 없다는 것을 깨닫게 되었습니다.

　결국 두 사람은 결혼을 했습니다. 김서현과 결혼한 만명이 낳은 아들이 삼국 통일을 이끈 김유신입니다.

　신라에서 유명한 학자인 강수는 벼슬길에 나가 출세를 할 수 있는 귀족이었습니다. 그런데 대장장이 딸을 사랑했습니다. 강수 부모는 대장장이가 천한 직업이므로 딸도 천한 여자라며 반대했습니다.

"보잘것없는 여자와 결혼하는 게 부끄럽지 않느냐?"

부모가 나무랐지만, 강수는 부끄러워하지 않고,

"가난한 것은 부끄러운 일이 아닙니다. 도리를 알면서도 올바르게 행동하지 못하는 것이 더 부끄러운 일입니다. 아무리 가난한 여자이지만, 함부로 무시하고 천하게 여긴다면 그 여자보다 더 천한 사람이 되는 것입니다."

당당하게 말했습니다.

그 말을 듣자 아무도 강수가 대장장이 딸과 결혼하는 것을 반대하지 못했습니다. 반대하면 자기가 천한 사람이 되는 것이기 때문입니다.

이처럼 신분이 다른 남녀가 결혼할 수 없었던 옛날에도 사랑만으로 결혼하는 경우가 있었습니다. 계급이 낮은 남자를 남편으로 삼아 정성껏 뒷바라지한 평강공주와 온달장군 이야기는 신분을 뛰어 넘어 결혼하는 것이 불가능한 것만은 아니었음을 보여주는 것입니다.

1. 김서현과 만명이 결혼하는 것을 숙흘종이 반대한 까닭은 무엇인가요?

2. 옛날 결혼과 요즘 결혼은 어떤 점이 다른가요?

나보다 못난 사람도 친구가 될 수 있어요.

▶ 옛날에 신분이 달라서 결혼을 하지 못했듯이 요즈음 외모나 환경 때문에 따돌림 당하는 일에 대해서 생각해 봅시다.

옛날에는 신분이 다르면 결혼도 할 수 없고, 친구도 될 수 없었습니다. 하지만 요즘은 높고 낮은 신분이 없으니 누구나 친구가 될 수 있습니다. 그래도 자기보다 못나거나 부족한 사람과는 친하게 지내려고 하지 않는 경우도 있습니다.

영수는 3학년이 되면서 우리 반이 된 아이입니다. 목덜미에 커다란 화상 자국이 있습니다. 몸에도 화상을 심하게 입었다고 합니다. 영수는 말이 없고, 수업 시간에도, 쉬는 시간에도 운동장을 물끄러미 바라 볼 때가 많습니다. 온가족이 교통사고를 당해서 엄마 아빠는 죽고 영수는 화상을 입었다고 합니다.

영수는 친구가 없습니다. 점심시간이면 운동장 구석 구름다리 옆에 혼자 서 있을 때가 많습니다. 그런데 이번 달에 새로 짝을 바꾸면서 내 짝이 되었습니다.

"너 왜 만날 운동장만 쳐다보고 있니?"

"너 우리 아파트 근처에 살지?"

물어도 빙긋 웃기만 했습니다.

영수는 알림장 글씨가 삐뚤빼뚤 엉망입니다. 쓰는 속도도 아주 느립니다. 나도 처음엔 영수가 바보 같아 보였지만 팔뚝에 있는 기다란 수술 자국을 보고 마음이 바뀌었습니다. 이제는 놀리는 아이가 더 바보 같습니다.

그 날도 선생님이 알려주는 알림장을 내가 다 쓸 때까지 영수는 반도 못 썼습니다. 답답해서 내가 알림장을 휙 낚아채서는 후다닥 써 주었습니다. 그러자

"사고 나기 전에는 잘 썼는데……"

또 빙긋 웃었습니다.

어제는 공개수업이라 엄마가 학교에 왔습니다. 엄마는 내가 영수 알림장을 대신 써 주는 걸 보고 얼굴을 잔뜩 찡그렸습니다. 집에 오자마자 화를 내며 알림장을 써 주지 말라고 했습니다. 그리고 친하게 지내지도 말라고 했습니다.

1. 나는 좋아하는 친구인데, 엄마가 그 친구와 놀지 못하게 하면 어떻게 할까요?

20

금당벽화를 그린
담징

(579년~631년, 고구려시대 승려, 화가)

🔊 역사 연대기

581년 수나라가 세워짐
598년 수나라가 고구려를 침입함
612년 을지문덕이 수나라군을 물리침
618년 당나라가 세워짐

🔊 학습목표

1. 담징이 한 일을 알 수 있다.
2. 벽화에 대해 알 수 있다.
3. 타임캡슐에 대해 알 수 있다.

금당벽화를 그린 담징

담징은 이름 높은 고구려 스님이었는데, 학문과 그림 솜씨가 뛰어났습니다. 그림을 좀 더 배우기 위해 신라에 머물고 있을 때 왜에서 초청을 했습니다.

호류사 주지 스님이 담징에게,

"조금 있으면 우리나라에서 가장 큰 절인 호류사가 완성됩니다. 부처님을 모신 금당에 벽화를 대사님께서 그려주십시오."

부탁했습니다.

담징은 수나라가 언제 고구려로 쳐들어올지 몰라서 가기가 망설여졌습니다. 나라에 전쟁이 났는데, 혼자만 도망치는 것 같았기 때문입니다.

그때 수나라가 고구려로 쳐들어왔다는 소식을 들었습니다. 조국에 닥친 어려움 때문에 마음이 괴로웠습니다. 고구려로 당장이라도 돌아가 적과 싸우고 싶었습니다. 하지만 가기로 이미 약속을 했으므로, 할 수 없이 왜로 건너갔습니다.

고구려로 돌아가고 싶은 생각과 벽화를 그려야 한다는 생각이 마음속에서 싸웠습니다. 그럴수록 그리는 것에 더 마음이 모아지지 않았습니다. 붓을 들 수 조차 없었습니다. 날이 갈수록 벽화 그리기는 점점 어렵기만 했습니다.

그런 담징을 보고 사람들은 그림을 그릴 줄도 모르는 사기꾼이라고 수군거렸습니다. 조국을 버리고 비겁하게 도망친 사람이라는 놀림을 받는 꿈을 꾸기도 했습니다. 담징은 차라리 고구려로 돌아가 적을 물리친 다음, 다시 돌아와 벽화를 그려야겠다고 결심했습니다.

살아가는 인물 열어가는 역사

그때 주지스님이 담징 방으로 찾아왔습니다.

"기뻐하소서. 을지문덕 장군이 수나라 백 만 대군을 물리쳤다 합니다. 이제 스님이 벽화를 그릴 때가 되었습니다."

담징은 마음을 가다듬기 위해 목탁을 두드리며 불경을 외웠습니다. 드디어 붓을 잡은 담징은 혼을 모두 담아 그리기 시작했습니다.

며칠이 지나자 마침내 벽화가 완성되었습니다. 그림 속에 있는 부처는 사람 마음을 사로잡았습니다.

"정말로 살아 있는 부처님 같아."

"어쩌면 저렇게 훌륭할 수가 있을까?"

본 사람마다 감탄을 아끼지 않았습니다.

지금 호류사 금당에 있는 벽화-일본

담징은 벽화를 그린 것뿐만 아니라, 왜에 유교책과 종이와 먹을 만드는 방법, 그리고 맷돌도 전해주어서 왜가 발전하는 데에 많은 도움을 주었습니다. 그래서 오늘날까지도 일본 사람에게 존경을 받고 있습니다.

금당벽화는 나중에 절에 불이 나서 타버리고 말았지만, 경주에 있는 석굴암, 중국에 있는 윈강 석불과 함께 동양 3대 미술품으로 꼽혔습니다. 지금 호류사에는 담징 그림을 본떠서 일본 화가가 그린 벽화가 남아있습니다.

1. 담징이 왜에 가 있을 때 고구려에는 어떤 일이 있었나요?

2. 담징이 호류사에 그린 그림은 무엇인가요?

그때 사람은
옛날 사람은 왜 벽에다 그림을 그렸을까?

반구대-울산 울주

　울산시 울주군에 있는 태화강 줄기에 반구대라는 곳이 있습니다. 거북이가 납작 엎드린 모양이라서 반구대라고 부릅니다. 반구대 아래 쪽에는 커다란 바위 절벽이 있고, 그 절벽에는 물고기와 짐승을 새긴 그림이 있습니다. 바위에 그림을 새겼다 하여 암각화라고 합니다.

　암각화에는 호랑이, 멧돼지, 사슴을 비롯해 수십 가지 짐승과 물고기, 그리고 고래를 잡는 모습이 새겨져 있습니다. 동물 모양만이 아니라, 함정에 빠진 호랑이, 새끼를 배거나 데리고 다니는 짐승이나 고래, 그리고 배에는 사람이 몇 명 타고 있는지까지 그려놓았습니다. 또 탈을 쓴 사람, 짐승을 사냥하는 사냥꾼, 배를 타고 고래를 잡는 어부와 그물도 있습니다.

　동물이나 고래를 사냥하는 법이나 물고기 잡는 법을 후손에게 가르쳐 주기 위해 암각화를 새겼습니다. 책이 없었기 때문에 바위에 새겨두면 두고두고 후손이 볼 수 있기 때문입니다. 또 그림을 새기면서 사냥과 물고기 잡기가 잘 되어서 잘 살 수 있도록 해달라고 하늘에 빌었습니다.

　옛날 사람은 무덤 안에 있는 벽에도 그림을 그렸는데 그것을 고분벽화라고 합니다. 죽은 뒤에 저 세상에 가서도 살아있을 때와 마찬가지로 살게 된다고 생각했습니다.

살아가는 인물 열어가는 역사

그래서 왕이나 부자는 크고 화려한 무덤을 만들었습니다. 무덤 안에는 저 세상에 가서 쓸 그릇이나 물건을 같이 묻었습니다. 그리고 같이 살던 가족과 신하, 그리고 하인과 군사를 데리고 가기 위해 무덤에 같이 묻는 순장을 했습니다.

순장 풍습이 없어지면서 무덤 안에 사람 대신 그림을 그려 넣었습니다. 진짜 사람은 아니지만, 저 세상에 가서 죽은 사람과 같이 살도록 그림으로 만들어주는 것입니다. 벽화에는 농사를 짓고, 고기를 잡거나 가축을 기르는 생활이 담겨 있기도 하고, 춤을 추는 장면도 있습니다. 그리고 제사나 신, 사냥이나 전쟁하는 장면도 그렸습니다.

지금까지 발견된 삼국 시대 벽화 가운데에는 고구려 것이 가장 많습니다. 고구려 무덤은 돌로 된 큰 방이 있고 천장도 높습니다. 그림을 그릴 공간이 넉넉해서 여러 가지를 그릴 수 있었습니다. 그래서 왕이나 귀족 무덤에 풍경, 사냥, 사신(청룡, 백호, 주작, 현무), 사람, 풍습, 동물 같은 그림을 그렸습니다.

백제 시대 고분에는 사신과 연꽃무늬, 구름무늬가 그려져 있습니다. 신라는 무덤 벽이 흙이어서 벽화를 그리지 못하고 장식품에 그림을 그려서 같이 묻었습니다.

고구려시대고분벽화 -무용도

백제시대고분벽화- 사신도

탐구하기

1. 바위 절벽에 여러 가지 모양을 새긴 그림을 무엇이라고 하나요?

2. 무덤 안에 있는 벽에 그린 그림을 무엇이라고 하나요?

요즘 사람은

타임캡슐을 만들어요.

▶ 울주 암각화나 고분벽화가 옛날 사람이 어떻게 살았는지 알려주는 것처럼 요즘에 후손에게 전해주기 위하여 타임캡슐을 만드는 것에 대하여 생각해 봅시다.

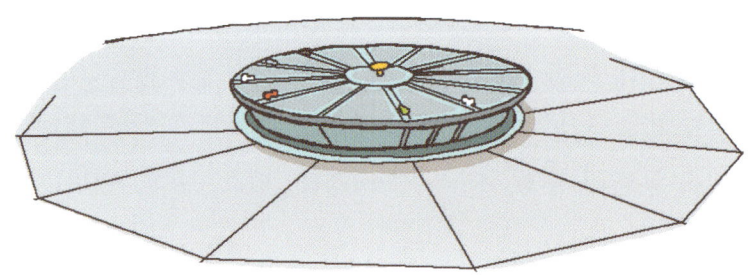

　타임캡슐은 오늘날 우리 모습을 후손에게 보여주기 위해 만드는 것입니다. 1939년 뉴욕 만국박람회 때 처음 만들었는데, 이것은 6939년에 열어볼 것입니다. 우리나라에도 4백년 뒤 후손에게 보여줄 타임캡슐이 서울 남산골공원 안에 있는 타임캡슐광장에 묻혀 있습니다.

　이 타임캡슐은 서울로 도읍을 정한지 6백년을 기념해서 서울시가 1994년 11월 29일에 높이 1.7m, 지름 1.3m 크기로, 보신각종 모양을 본떠서 만들었습니다. 지하에서 4백년을 견딜 수 있도록 단단하고 튼튼하게 만들었습니다.

　이 캡슐에는 정치, 경제, 사회, 문화 등 현재 생활을 보여줄 물건 6백여 가지가 들어있습니다. 벼, 보리 같은 씨앗을 비롯해, 서울시 항공사진 필름 2천장, 우황청심환, 초중고등학교 교과서, 숟가락, 버스 토큰, 기저귀, 담배, 남녀 수영복, 1회용 라이터 같은 것은 실제 물건을 넣었습니다. 그리고 우리별 1호, 1994년도에 나온 자동차, 전동차, 컴퓨터, 굴착기 은 것은 모형을 만들어서 넣었습니다. 이 타임캡슐은 2394년 11월 29일에 열어볼 것입니다.

생각하기

1. 30년 뒤에 열어 볼 타임캡슐을 만든다면 그 안에 넣고 싶은 물건 열 가지를 써 보세요.

1. 사람이 살기 시작한 우리나라

지구에 사람(인류)이 살기 시작한 것은 약 400만 년 전으로 첫 인류를 '오스트랄로피테쿠스'라고 부른다. '남쪽원숭이'라는 뜻인데, 두 발로 서서 걸을 수 있었다. 나무뿌리를 캐거나 풀을 뜯거나 열매를 쉽게 딸 수 있었고, 도구도 만들 수 있었다.

그 다음 인류는 약 250만 년 전부터 살기 시작한 '호모하빌리스'이다. '손 쓴 사람'이라는 뜻인데, 돌로 도구를 만들어 쓰기 시작했다.

인류가 불을 무서워하지 않게 된 것은 '곧게 선 사람'이라는 뜻인 '호모에렉투스'부터였다. 불을 피워서 짐승을 막을 수 있게 되었고, 고기나 열매도 익혀 먹었다. 유럽이나 아시아 같은 곳으로 옮겨가기도 했다. 70만 년 전에는 우리나라에도 들어왔다.

20만 년 전부터는 '슬기로운 사람'이라는 뜻인 '호모사피엔스'가 살기 시작했다. 돌을 쪼아서 양쪽으로 칼날을 세운 돌칼을 비롯해서 더욱 발달된 도구를 만들었다. 시체를 땅에 묻는 풍습과 자연이나 동물을 섬기는 종교도 생겨났다.

약 7만 년 전에 '슬기슬기사람'이라는 뜻인 '호모사피엔스사피엔스'가 우리나라에 들어왔다. 동물 가죽으로 옷을 만들어 입었으며, 신발도 만들어 신기 시작했다.

2. 신석기 혁명

70만 년 전에 우리나라에 살기 시작한 사람은 '주먹도끼', '긁개' 같은 '뗀석기'를 만들었다. 먹을 것을 찾아서 떠돌아다니며 동굴에 모여 살았던 이때를 '구석기 시대'라고 부른다.

약 1만 년 전부터는 돌을 날카롭게 갈아서 돌칼이나 돌창, 돌화살촉, 그물추 같은 '간석기'를 만드는 신석기 시대가 되었다. 동물 뼈를 갈아서 낚시 바늘도 만들었다. 농사짓기 편하고 물고기 잡기가 쉬운 강가나 바닷가에 움집을 짓고 모여 살았으며, 곡식이나 열매를 담아 두기 위해서 빗살무늬를 새긴 '빗살무늬토기'토기도 만들었다.

개나 돼지 같은 동물도 기르고 옷감을 짜거나 동물가죽으로 옷을 만들었다. 장식도 달았다. 해, 달, 별, 산 같은 자연을 섬기는 '애니미즘', 곰, 호랑이, 잉어, 돼지 같은 동물을 섬기는 '토테미즘' 같은 종교가 생겨났다.

3. 청동기 문화와 계급 탄생

기원전 2천년 무렵부터 구리로 청동기를 만들기 시작했다. 지배계급인 부족장은 하늘에 제사를 지낼 때 청동거울이나 청동 칼로 햇빛을 반사시키면서 하늘이 정한 뜻에 따라 부족을 다스린다고 했다. 부족장을 중심으로 모여 사는 것을 '부족연맹체', 제사장이 부족들을 다스리는 것을 '제정일치'라고 한다. 지배자가 죽으면 커다란 돌무덤인 고인돌이나 돌널무덤을 만들었다. 남방식 고인돌은 돌방을 땅 밑에 만든 다음, 커다란 바위를 얹는 무덤이고, 북방식 고인돌은 돌방을 커

> 역사를 짚고 가요

다란 널돌로 땅위에 만든 다음, 편편한 바위를 뚜껑처럼 덮는 무덤이다.
 논밭에 고랑을 내고 조, 보리, 콩, 벼 같은 곡식들을 심었고, 풀은 뽑아주는 '김매기'를 하면서 가꾸었다. 반달돌칼로 수확을 했으며, 맷돌로 갈아서 먹었다. 무늬가 새겨져 있지 않은 민무늬 토기도 만들었다.
 이때부터 거두어들이는 곡식 양이나 기르는 동물 수에 따라 능력이 정해졌다. 능력 좋은 사람이 부족장 같은 지배계급이 되었다.

4. 고조선과 8조 법금

 기원전 2333년에 곰에서 변한 여자와 환웅 사이에서 태어난 단군이 널리 인간을 이롭게 한다는 '홍익인간' 정신으로 고조선을 세웠다.
 기원전 4세기 무렵이 되자, 고조선은 요령지방과 만주, 그리고 한반도 북쪽 땅을 차지한 큰 나라가 되었다.
 기원전 194년에는 중국 땅에서 무리를 이끌고 온 위만이 준왕을 몰아내고 임금이 되었다. 이때부터 고조선에 철기문화가 널리 퍼지면서 영토도 더욱 넓어졌다. 둘레나라를 하나로 묶어서 한나라와 '중계무역'을 했다.
 고조선은 법으로 다스렸는데, 8조 법금 가운데 '사람을 죽인 자는 사형에 처한다. 남에게 상처를 입힌 자는 곡식으로 갚는다. 도둑질한 자는 종으로 삼는다. 종이 되지 않으려면 돈 50만전을 내야한다.'라는 3가지가 지금까지 전해온다.
 고조선이 강력한 국가로 발전하자 한나라가 쳐들어왔다. 우거왕은 왕검성에서 1년 동안이나 한나라와 맞서 싸웠으나 자객에게 살해당했다. 혼란에 빠진 고조선은 결국 기원전 108년에 멸망하고 말았다. 한나라는 고조선 땅을 임둔, 현토, 낙랑, 진번이라는 군으로 나누어서 자기 땅으로 만들어버렸다.

5. 주몽이 세운 고구려

 물을 다스리는 신인 '하백' 딸 유화가 아버지 허락 없이 해모수와 결혼을 해서 쫓겨나고 말았다. 마침 동부여 금와왕이 사냥을 하다가 유화를 발견하고는 데려가 보살폈다. 어느 날, 유화가 낳은 커다란 알에서 사내아이가 나왔다.
 활을 잘 쏘아서 주몽이라고 불렀는데, 동부여 왕자들이 주몽을 죽이려고 했다. 주몽은 오이, 마리, 협보와 함께 남쪽으로 도망쳐 졸본부여로 갔다. 졸본부여를 다스리던 연타발 딸인 소서노와 결혼해 기원전 37년에 고구려를 세웠다.
 2대 임금인 유리왕 때 국내성으로 도읍을 옮겼고, 6대 임금인 태조왕 때부터 고씨가 왕위를 이어가자 왕권이 강화되었다. 옥저와 동예를 정복하고, 현도군과 요동군을 공격해 요동으로 진출하는 발판을 마련했다.

9대 임금인 고국천왕 때에는 부족중심이었던 5부를 동·서·남·북·중으로 나누어서 행정중심으로 바꾸고 왕위를 형제상속에서 부자상속으로 바꾸자 왕권이 더욱 강화되었다. 그리고 빈민구휼제도인 진대법을 실시했다.

15대 임금인 미천왕 때에는 대동강과 요동으로 나라를 넓히고 한나라가 차지했던 고조선 땅인 낙랑군과 대방군을 차지했다.

16대 임금인 고국원왕 때에는 전연이 쳐들어 와 수도가 함락되고 미천왕 무덤이 파헤쳐졌다. 근초고왕이 이끄는 백제군에게 평양성에서 목숨을 잃었다.

17대 임금인 소수림왕은 불교를 받아들였다. 또 태학(太學)을 세워서 인재를 양성하고 율령(律令)을 반포해서 국가체제를 정비해 정치를 안정시켰다.

19대 임금인 광개토대왕은 동부여, 요동지방, 한강이북, 그리고 만주까지 영토를 넓혔다. 신라에 왜가 쳐들어 왔을 때 구원을 요청하자 군대를 보내 물리치기도 했다. 우리 역사에서 처음으로 '영락'이라는 독자 연호도 썼다.

20대 임금인 장수왕은 평양으로 도읍을 옮겼다. 475년에 백제로 쳐들어가 하남 위례성을 함락하고 한강유역을 차지했다. 아산만과 충주, 영일만까지 영토를 넓혔다.

6. 신라를 세운 세 임금

진한 땅 마을촌장들이 임금을 달라는 제사를 올리고 있는데, 남산 아래 나정에서 말울음소리가 났다. 가보니 큰 알을 깨고 사내아이가 나왔다. 박처럼 생긴 알에서 나왔다고 해서 '박(朴)'이라는 성을 붙이고 '세상을 밝게 비추라'고 '불구내'라는 이름을 붙였다. 나중에 붉게 빛낸다고 '혁(赫)', 세상에 있다고 '거세(居世)', 이렇게 '혁거세'라고 불렀다.

박혁거세가 열세 살이 되던 기원전 57년에 서라벌을 세우고 임금으로 받들었다. 5년이 지나 열여덟이 되자 혁거세가 알에서 나오던 날, 남산 아래 '알영'우물가에서 닭같이 생긴 용이 낳은 알에서 나온 알영을 왕비로 맞아들였다.

석탈해는 용성국 함달파 왕비가 낳은 알을 궤에 넣어 배에 띄어 보냈는데, 신라 아진의선이 키웠다. 석탈해가 철기를 잘 만들고 재주가 뛰어난 사람이라는 소문이 널리 퍼지자 임금이 사위로 삼았고, 유리 이사금을 이어서 네 번째 임금이 되었다.

탈해이사금이 왕위에 오른 지 9년째 되던 해 3월 어느 날 밤에 시림 숲에서 닭이 울어서 가보니 금빛나는 궤짝에 사내아이가 들어 있었는데, 금궤짝에서 나왔다고 해서 성을 김(金)이라고 붙였다. 시림도 닭이 운 숲이라고 해서 계림이라고 불렀고, 나라 이름도 계림으로 바꾸었다. 김알지 후손인 미추부터 왕위에 올랐다.

22대 임금인 지증은 나라 이름을 신라로 바꾸고, 거서간, 차차웅, 마립간이라고 부르던 임금을 '왕'이라고 부르기 시작했다. 소가 끄는 쟁기로 밭을 가는 우경으로 수확량을 늘렸다. 23대 임금인 법흥왕은 불교를 받아들였다.

> 역사를 짚고 가요

24대 임금인 진흥왕은 원화제도를 화랑제도로 바꾸어 인재를 양성했다. 백제 성왕과 나제동맹을 맺고 한강 상류지역을 차지한 뒤에 동맹을 깨고 한강 하류까지 차지했다. 대가야를 정복하고 동해안을 따라 함흥까지 진출했다. 영토가 넓어진 것을 널리 알리기 위해서 황초령과 마운령, 창녕, 북한산에 순수비를 세우고 단양에 있는 적성에도 비를 세웠다.

7. 해상왕국 백제

주몽이 동부여에 두고 온 아들인 유리가 고구려로 오자 태자로 삼고 왕위를 물려주려고 했다. 온조와 비류는 무리를 이끌고 남쪽으로 내려갔다. 비류는 미추홀로 가고 온조는 한강 남쪽인 하남 위례성에서 기원전 18년에 '십제(十制)'를 세웠다. 비류가 자리 잡은 미추홀은 땅에 소금기가 많고 마실 물이 짜서 살기가 힘들었다. 비류가 죽자 백성이 하남 위례성으로 돌아왔다. 온조는 나라이름을 '백제'로 고쳤다.

백제 8대 임금인 고이왕 때에는 목지국을 쳐서 무너뜨리고 나라를 법으로 공평하게 다스리기 위해서 율령을 만들었다. 관직을 16등급으로 정하고 관리 가운데에서 가장 높은 여섯 명을 '좌평'으로 삼았다. 임금이 강한 힘으로 나라를 다스리는 '전제왕권제'가 굳게 세워지는 중앙집권국가가 되었다.

13대 임금인 근초고왕 때에는 고구려로 쳐들어가 평양성을 함락시키고 고국원왕을 죽였다. 마한 땅과 낙동강, 전라도, 황해도까지 이르는 큰 나라가 되었다.

문화가 앞선 동진에서 새로운 문화를 적극 받아들이고 요서지방과 산둥지방으로 무역 길을 열었다. 아직기와 왕인이 한문과 논어, 천자문 같은 학문과 말 타는 법 같은 문화를 왜에 전해 주었다. 신라에도 아비지를 보내서 경주 황룡사 9층 목탑을 만들었다.

15대 침류왕 때인 384년에는 동진에서 온 마라난타로부터 불교를 받아들였다.

17대 임금인 아신왕 때 고구려 광개토대왕에게 한강 북쪽을 빼앗겼으나, 장수왕이 밀고 내려오자 20대 임금인 비유왕은 신라와 손을 잡고 막아냈다.

그러나 21대 임금인 개로왕은 고구려 첩자인 도림이 시키는 대로 성을 더 크게 고쳐 쌓고 궁궐을 더 화려하게 짓느라 백성을 고통스럽게 했다. 475년에 장수왕이 이끄는 고구려 군에게 수도를 빼앗기고 개로왕도 고구려 군에게 처형당했다.

8. 철강강국 가야

서기 42년에 김해에 있는 구지봉으로 내려온 궤짝에서 나온 여섯 임금이 세운 가야는 가장 먼저 나온 수로가 김해에 세운 금관가야를 세웠다. 대가야, 아라가야, 성산가야, 고령가야, 소가야가 있었고, 우수한 철기문화가 발달한 연맹국가였다. 서기 562년에 신라에 합쳐졌으나 우륵이 만든 가야금은 신라 음악을, 가야 토기는 신라 토기를 발전시켰다. 금관가야 마지막 임금인 구형왕 손자인 김유신은 신라가 백제와 고구려를 합치는 데에 큰 공을 세웠다.